不動産投資
家賃収入&売却益
両取りのルール

ファイナンシャルアカデミー
「不動産投資の学校」講師
東田光陽

すばる舎

はじめに

「不動産は、買ったら価格が下がるのが当たり前。」

この10年間、この言葉を一体何度聞いたことでしょう……。

はじめまして、束田光陽です。

私は、ファイナンシャルアカデミーという日本初の「お金の専門学校」に設定された、「不動産投資の学校」というコースで講師を務めています。国内で不動産投資の考え方やノウハウをスクール形式で体系的に学べる場所は、いまのところほかにありません。

この「不動産投資の学校」では、不動産投資に興味はあるものの、まだ第一歩を踏み出す勇気がないという方向けに説明会を開催しています。私は講師として、そうした説明会も担当しており、まだ詳しい知識を持っていない不動産投資家予備軍の方々に、この投資手法のエッセンスを何度もわかりやすく解説してきました。

そのような説明会で、参加した方々からまず聞かれるのが冒頭のような言葉なのです。

◆公示地価の推移（住宅地／対前年の値上がり・値下がり率）

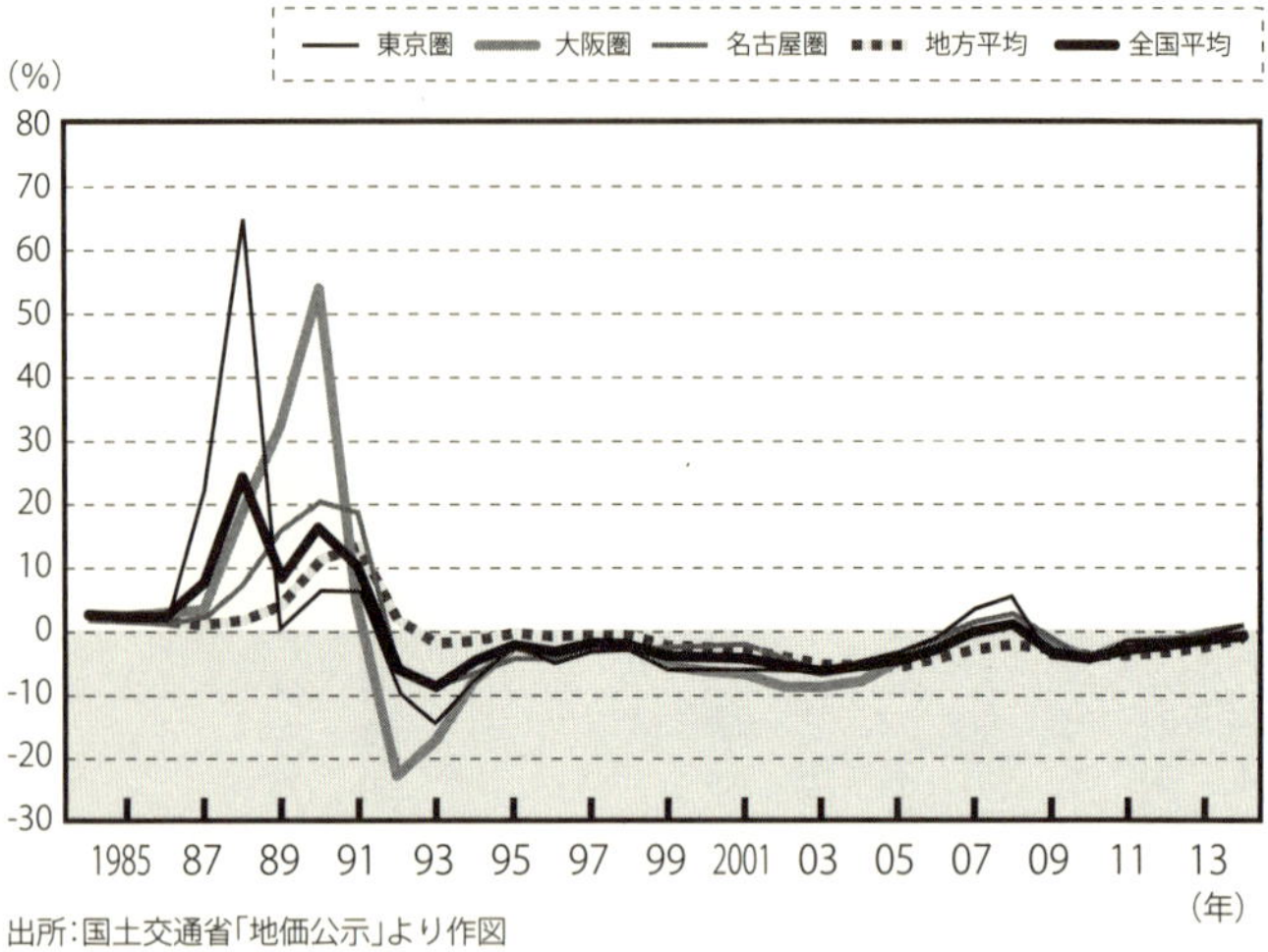

出所：国土交通省「地価公示」より作図

「いくら家賃収入が入ってくるといっても、売るときに大きく値下がりしていたら、結局は損をしてしまうのでは？　だったら、不動産に大金を投資する意味なんてないのでは？」

というわけです。

確かに日本では、ほんの少し前まで「失われた20年」と呼ばれる長い不景気が続いていました。

この間、物価が継続的に下落するデフレ（＝デフレーション）によって、あらゆる物やサービスの価格は下がり続けました。

不動産も例外ではなく、たとえば公示地価や基準地価などに代表される**土地の価格は、**

過去20年間、大半の年度において対前年比でマイナスとなっていました（つまり、土地の価値は継続的に下落していたということです／右グラフ参照）。

私たちは、このような状況下で長く暮らしてきました。ですから、「不動産は、買ったら価値が下がるのが当たり前」という考えが常識化してしまうのも、ある意味、十分に理解できるところです。

このように、「物件は買値よりも安い売値でしか売れない」という前提が、長く不動産投資の世界にはありました。とすれば、不動産投資の戦略も自《おの》ずと限定されてきます。

利回りがよい中古物件を注意深く選び、長い時間をかけて利益を確保していく。

こういう、家賃収入のみを当てにした安全重視の投資戦略です。書店で売られている不動産投資のノウハウ本を確認してみても、現状では、こうした手法を推奨するものがほとんどです。

しかし私は、「失われた20年」と時期が重なる過去10年間にわたって、ひとりの不動産投資家として自らさまざまな不動産への投資を実行してきました。

この10年間で合計17件の物件を購入。うち10件についてはすでに売却をしていますが、それら**売却物件のすべてにおいて、購入価格よりも高値での売却に成功しています。売却益を単純合計すると、それだけで2500万円を超える利益を得ている**計算です（左表参照／解説をシンプルにするため、ここでは売却にかかる費用や税金は考慮していません）。

現在でも保有中の物件を除く、売却済み物件10件の保有期間はおよそ2〜3年にすぎず、恐らく、多くの個人不動産投資家が物件を保有する期間よりもずっと短いでしょう。

また同時に、私は「不動産投資の学校」の講師として、過去10年間、多くの受講生の方々に接してきました。受講生の方それぞれが、異なる状況下で、不動産投資にどのように取り組んできたかをつぶさに見てきたのです。

ときには彼らの相談にも乗り、どのようにすれば投資効率をより高めることができるのか、受講生のみなさんの立場に寄り添い、一緒に考えるようなこともしてきました。

こうした経験から、私は次のように断言できます。

◆私の物件購入＆売却履歴

No.	購入年月	物件概要	売出価格→購入価格（売却価格）
01	2003年12月	マンション2室	3000万円→3000万円
02	2004年02月	マンション1室	650→250万円（売750万円）
03	2004年06月	マンション1室	480→400万円（売560万円）
04	2004年10月	マンション1室	590→500万円（売595万円）
05	2005年05月	マンション1室	390→360万円（売550万円）
06	2007年01月	アパート1棟	4650→4450万円
07	2007年04月	一戸建て	1020→1000万円（売1500万円）
08	2007年11月	アパート1棟	1億800万円→1億800万円
09	2008年05月	マンション1室	1380→1000万円（売1350万円）
10	2008年08月	マンション1室	360→300万円（売390万円）
11	2009年04月	マンション1室	680→580万円（売890万円）
12	2009年08月	マンション1室	490万円→490万円
13	2010年02月	マンション1室	440万円→440万円
14	2011年04月	マンション1室	500→400万円
15	2011年08月	マンション1室	730→400万円（売620万円）
16	2012年06月	マンション1室	430→400万円（売500万円）
17	2014年02月	マンション1室	400→350万円

「不動産は、買ったら価格が上がるのが当たり前。ただし、購入と売却についての適切な知識とノウハウさえあれば。」

不動産投資の適切な知識とノウハウさえあれば、冒頭に紹介したような不動産投資の〝常識〟は、実はまったく正反対のものになるのです。

「インカムゲイン」と呼ばれる家賃収入だけでなく、**「キャピタルゲイン」**と呼ばれる物件の売却益も計算に入れて、投資戦略を組んでいくことが可能になります。

これは、**儲けのチャンスが従来の2倍に増える**ことにほかなりません！

◆――投資戦略の幅が広がる

もちろん、専門の不動産会社がときに行う、短期間での転売益を狙うような投資戦略は、個人の不動産投資家の大多数には適しません。ですから、利回りを重視する従来の投資戦略が悪いわけではありません（私自身、利回りは非常に重視しています）。

しかし、ある程度の期間、家賃収入を得てその物件の〝旨味〟が薄くなってきたら売却、それによってさらにまとまった利益を狙うという「キャピタルゲインの視点」を併せ持つことで、不動産への投資において、投資家はこれまでよりもずっと多様な選択肢を持つことが可能になります。これは、非常に大きな利点となります。

例として、この考えを自宅に応用したケースを考えてみましょう。

通常であれば、自宅を購入してそこに住み始めると、その物件の価値は時間の経過とともに値下がりしていくと考えられます。そうした値下がりをみすみす受け入れるくらいなら、最初から割り切って賃貸物件に暮らし続けたほうがよい、と考える人もたくさんいます。

しかし、もし2000万円で買った自宅が、たとえば10年後に2000万円以上で売却でき、キャピタルゲインさえ狙えるのであれば、そのあいだずっと賃貸に暮らすよりも、ある時点で自宅を買ってしまったほうが、はるかに得だと考えられるのではないでしょうか？

長い不景気と不動産価格の低迷で、私たちの多くは、こうしたキャピタルゲインの視点、別の言葉で言えば「**出口戦略**」を忘れてしまいました。しかし、後述するようにこうした状況は、いま大きく変わろうとしています。

いち早くこうした視点やノウハウを身に付け、インカムゲインもキャピタルゲインも両方狙える投資家へと成長しましょう。この視点やノウハウをしっかりとマスターし、他の不動産投資家よりひと足早く物件探しに取り組むことができれば、人生を劇的に変えるチャンスが必ずやあなたにも訪れるはずです。

✦――潮目は変わりつつある

長く続いたデフレ不況を脱却するために、2012年12月に発足した第二次安倍政権は、大胆なインフレターゲット政策を推し進めています。詳しくは第1章でも解説しますが、これは、2年間で2%程度の物価上昇を目指す政策です。物価のなかには、もちろん不動産の価格も含まれます。また同時に、5%→8%、8%→10%の2度にわたる消費増税を目指していることから、物価の上昇には増税分もプラスされることになります。

これらの物価上昇は、生活費を圧迫することから、私たちの生活実感には恐らくマイナスの影響を与えるでしょう。しかし、**インフレは不動産にとっては「吉」**。不動産投資家の目線から考えれば、物価上昇は大きな追い風になるはずです（理由は後述します）。

さらに、2020年の東京オリンピック・パラリンピック開催は、特に東京都心や臨海部の不動産価格を総合的に押し上げる要因になっています。

主にこうした要因によって、日本における不動産を取り巻く環境は、いま大きな転換点を迎えているのです。

これまでは、不動産投資家は「デフレ」という向かい風と闘いながら、投資に取り組む必要がありました。しかし、これから不動産投資を始めるみなさんは、「インフレ」さらには「景気回復」といった追い風を受けながら、つまりインカムゲインだけでなくキャピタルゲインも視野に入れながら、不動産投資に取り組むことができるのです。

もちろん、そのような追い風を「吹いたら吹いたで、儲けもの」と受け流すこともできます。しかし、どうせなら「追い風が吹くのなら最大限利用しよう。一方で、万が一追い風が吹かず、再び向い風（デフレ）に戻ってしまったとしても、損をしないように事前に手を打っておこう」と考えたいものです。

ぜひ、本書で解説する「出口戦略」のノウハウを身に付け、不動産投資家としてのステップアップを果たしてください。本書がその一助となれれば、著者として、これにまさる喜びはありません。

ファイナンシャルアカデミー「不動産投資の学校」講師
束田 光陽

第3章 出口戦略の成否は、物件購入時に9割決まる!?

第4章　物件のタイプ別：出口戦略の具体的な立て方

第5章 出口戦略を立てやすい物件の探し方&具体的な売却方法

第6章 購入時の価格交渉ではこうして値切れ！

第7章 高値での売却を可能にする格安リフォームテクニック

第8章 金融機関の賢い利用法 ＆ 出口戦略における税務上の注意点

ひと言コラム

第1章

いまこそ、家賃収入と売却益の両取りが狙える「ボーナスタイム」！

デフレ下では家賃収入が売却損で相殺《そうさい》されてしまう

これまでの20年間は、すでに前述したように「デフレ社会」でした。

したがって不動産投資家の懐には、家賃収入が毎年入ってくるものの、不動産の値上がり益についてはほとんど期待できない状況でした。

それどころか、多くのケースでは逆に値下がり損（これを「キャピタルロス」と言います）が発生してしまうため、**家賃収入によるせっかくのインカムゲインが、キャピタルロスによってある程度は相殺されてしまう**、という状況が長く続いてきました。

たとえば、東京都心で2000万円程度で売りに出されている、新築のワンルームマンションを例に取って考えてみましょう。

同地域の新築マンションに関する現在（本書執筆時点／以下、文中の「現在」はすべて同様）の相場であれば、購入価格2000万円程度の物件を購入して賃貸に出せば、年間の家賃収入として、100万円程度を見込むことができます。

これを利回りに直すと、インカムゲインが年利5%、経費を除いた実質利回りで2%程度がせいぜい、というところでしょう。

この物件を20年間保有した場合を単純計算で想定すると、

実質利回り2%×20年間＝累計実質利回り40%

物件価格2000万円×40%＝800万円

となり、20年間保有して、累計で800万円程度の家賃収入による利益を生み出す、ということになります。

一方で、これまでのデフレ社会では、その20年間でこの物件の価格が値下がりしてしまうことも避けられませんでした。

現在、東京都心の築20年程度の中古ワンルームマンションの相場は、ざっくり1000万円程度です。つまり、20年間でマイナス50%ものキャピタルロスが発生しています。金額に直すと、1000万円もの価値の減少です。

このキャピタルロスは、実際に物件を売却すると損失が現実化しますし、たとえ売却をしなくても物件評価額の減少、あるいはいわゆる「含み損」の形で表面化してきます。

結局、**家賃で800万円儲けて、〝出口〟の売却で1000万円損をする形となり、通算すると200万円の損で終わってしまう**というわけです（本来であれば、購入価格・家賃収入等は現在の相場ではなく20年前の相場で想定しないとおかしいのですが、そうしたデータが手元にないため、現在の相場の情報で代替しました）。

このような環境下では、次のような不動産投資のパターンが定番化しました。

まず、購入直後の資産価値の減少がきつい新築物件は避け、すでに値段がある程度切り下がって、資産価値の減少が緩やかになっている中古のアパートやマンションなどを主な投資対象とします（ちなみに、アパートは物件価格が土地価格近くまで下がると、下げ止まることが多いです）。

そのうえで、それらの物件のなかから、家賃収入によるインカムゲインを年10％程度以上期待できる物件を丹念に探して購入。キャピタルロスが発生しづらいようにする、という手法です。

デフレで避けることが難しい資産価値の減少を、そもそもすでに価格が下がっている物件を買うことで最小限に抑え、さらに家賃収入の高い利回りで、残りの目減り分をカバーすると同時に、余剰の利益を確保することを狙うパターンです。

不動産には早くも「価格上昇」の風が吹き始めた！

しかし、こうした定番パターンに、最近にわかに変化の兆しが出始めています。

基本的な部分は変わらないのですが、**個々の投資物件の〝出口〟をこれまでよりも意識し、家賃収入によるインカムゲインだけではなく売却益によるキャピタルゲインもしっかり狙っていこう**という動きが、目端の利いた不動産投資家のあいだで急速に広まっているのです。

これは、不動産の価格が全般的に下げ止まり、物件によっては逆に、少しずつ値上がりを始めているからにほかなりません。

もちろん、個々の物件を見ればいまだに値下がりを続けている場合も多いのですが、エリアや立地、種類、状態などによっては、新築はもちろん中古の物件であっても、資産価値が上昇しているケースが多々出てきているのです。

こうした環境変化の背景には、政府の政策変更があるのは間違いないでしょう。

第二次安倍政権では、デフレからの脱却を目指し、2年間で2％の物価上昇を意図的に起こす「インフレターゲット政策」を大胆に推し進めています。この政策は、民主党主体の政権の時代から部分的には取られていたのですが、2012年末に自公連立政権に交代してから、いわゆる「アベノミクス」の名の下に、より大規模に進められるようになっています。

2％の物価上昇という政策目標を達成するため、現在、市場には日銀によって大量の資金が供給されている状況にあります。

この政策は、大雑把に言えば、市中にお金を大量にばらまくことによってお金の価値を低くし、逆に物やサービスの価値を高める手法です。

〝お金〟というものは、希少性があるからこそ価値がある、という面があります。であれば、逆に市場に出回るお金の量をジャブジャブに増やし、腐るほどお金があるような状態に意図的に持っていこう。そうすれば、お金の価値は次第に下がっていくはずだ、という理屈です。

以前よりも価値の下がったお金で買い物をしようとすれば、当然、前よりもたくさんのお金を支払う必要があるでしょう。そのようにして物価が次第に上がっていき、デフレからの脱却が可能になるという仕組みです。

また、このインフレターゲット政策には、実際に物価が上昇する前にそれを見越した「先回り購入」が入ることによって、さらに物価の上昇が早まる、という副次的な効果も期待されています。

もし今後、国の政策によって物やサービスの値段が上がるのであれば、まだそれらが安いうちに買っておくほうが、消費者にとっては得になります。その物やサービスが希少性が高いものであれば、安いうちに買い占めて、値段が上がってから売ることで儲けを出すことさえできるかもしれません。

インフレターゲット政策は、人々のこうした〝期待〟を刺激する政策であるため、物価上昇を導くのに効果が高い手法だと考えられているのです。

実際、この政策が大々的に取られるようになってから、資産のひとつである株式の市場では顕著な買い込みが進みました。日経平均株価について言えば、２０１２年末の１万３９５円から、２０１３年末の１万６２９１円まで、１年間で50％以上も一気に上昇しました（終値ベース）。

不動産市場でも同様で、将来の値上がりを見越して、２０１３年に入ったころから先回り購入の動きが強く見られるようになっています。

特に新築マンションなどでは、デベロッパーが地価が上がる前に土地を早く仕込んでおく動きが進む一方で、完成物件を売り惜しみし、さらに高くなるまで待ってから売り出そうという企業も出てきています（本書執筆時点では、消費増税のためにこうした動きはいったん沈静化していますが……）。そして、それがさらに値上がりを呼ぶ、という価格上昇の循環が発生しているのです。

実は日本経済全体のデフレ脱却はいまだに微妙なところにあるのですが、**不動産市場に関してだけを見れば、もはやデフレは完全に過去のものになった感があります。**

そして、新築物件の価格が上昇すれば、次に起こるのは**中古物件の価格上昇**です。

新築物件が割高になると、消費者は無理して新築にこだわるよりも、リーズナブルな中古物件を購入して、リフォームをしたほうが得だと考えるようになります。

するど、中古物件をほしがる消費者が増えることになるので、新築物件ほどではないにせよ、中古物件の価格も次第に上がっていくのです。

すでに首都圏では、実際にこうした価格上昇の波が中古物件にまで及び始めています。

たとえば、東日本不動産流通機構が提供する不動産会社向けの会員サイト「REINS(レインズ)」が、2013年12月10日に発表した「月例速報」で、首都圏の中古マンションの成約件数が同年11月まで15ヶ月連続で前年同月を上回って推移し、2013年11月は3121件と21%も増えたことを伝えています。

この記事は首都圏についてだけですが、消費者が今後起こるであろうインフレを先取りし、中古物件の購入に向かっていることをまざまざと物語っています。

こうした動きによって、今後、中古物件の価格上昇が起こってくるのは、まず間違いないことでしょう。

ひと言コラム 1

なぜ、「インフレは不動産にとって吉」なのか

「インフレは不動産にとって吉。」

「不動産投資は、インフレ時代の投資の王様。」

さまざまな言い方がありますが、一般的にインフレ、つまり物価の上昇は、不動産投資にとっては追い風だと考えられています。

インフレというのはお金の価値がなくなることですから、逆に言えば、実物資産、つまりは〝物〟は価値が上昇していきます。

お金の価値は次第に下がっていくのに、何もしなくても持っているだけで物の価値は上がっていくのです。当然、お金を銀行に預金しておくより、何かの物に換えておくほうが財産が増える、あるいは、少なくとも財産の目減りを小さく抑えられることになります。

それでは、インフレに際してどんな物を買うのがいいでしょうか？

食品類は腐ってしまいます。

車は10年~20年も経てば廃車同然です。

私たちが一般的に購入できる物のなかで、価値が数十年にわたって残るもの、少なくとも自分の残り人生のあいだくらいは価値が残りそうなものを考えると、金地金《きんじがね》に代表される貴金属類か、株式、そして不動産くらいになります。

最初に挙げた貴金属類のうち、市場での流通性が高いのは金です。金は、確かに「有事の金」と言われるくらい安心感がある価値の保存手段ですが、残念ながら、持っているだけでは何の収入も生み出しません。この意味では、金は〝死んだ資産〟です。

〝死んだ資産〟であっても、ハイパーインフレなどで自国通貨が突然無価値になってしまうよりはマシというような発展途上国の人々や、価格変動での投機を考える人には最適の〝物〟と言えるのかもしれません。しかし、日本のように「円」という基軸通貨を持っている先進国の住人には、あまり適しているとは言えません。

では、株式はどうでしょう？

株式は、投資した企業が大きく成長した場合には莫大な利益を生みますが、もしもその企業が倒産してしまったら、ひと晩で紙くずになってしまいます。ですから、慎重な銘柄選びと、その後のこまめなチェックが欠かせません。

こうした手間暇を苦に感じず、時間的にも余裕がある人にはよいかもしれませんが、忙しくて投資対象の現状をこまめに確認できない人や、毎日のそうしたチェック作業に煩《わずら》わされたくない、という人には向いていないでしょう。

そう考えると、いったん購入してしまえばその後の手間はほとんどかからない不動産は、多くの人にとって、インフレに対抗する最適の選択肢と言えるのです。**建物は通常何十年も持ちますし、土地は日本列島が海に沈みでもしない限り、消えてなくなることはありません**。価値の保存手段としても、不動産は非常に優れている投資先なのです。

しかも、不動産の場合には通常、ここに〝借金〟の要素が加わってきます。

不動産は担保としやすいため、貴金属類や株式に比べて、投資家がローン等の借金を利用して物件を購入することがより一般的に行われるからです。

仮に、あなたが１０００万円の借金をして、価値１０００万円の不動産を買ったと想定しましょう。

この状態で、突然に年率20%のインフレが発生したらどうなるでしょうか?

単純に考えれば、**その不動産の価値は1200万円に上がります**（実際には、インフレの影響度は物件によってまちまちですから、あなたの購入した物件の価格がインフレ率と同程度に上がるとは限りません。ただ、後述する理由により、インフレ率以上に上がる可能性も少なくありません）。

一方で、1000万円の借金は1200万円に増額されるでしょうか?

もちろん、されません。金利は上昇するかもしれませんが、**借金の額そのものがインフレによって増えることはない**のです。

こうなると、インフレが起これば起こるほど、借金の額はそのままで、実物資産である不動産の価格は上がっていきます。当然、返済負担は減り、キャピタルゲインの可能性も増えるなど、いいことづくめです。

ローンを利用して不動産投資を行っている大多数の不動産投資家にとっては、こうした理由で、インフレはまさに「追い風」と言えるわけです（逆にデフレでは、借金の額はそのままでも、銀行等に返さなければいけないお金の価値は年々上がっていきます。物件の価値は年々下がっていくため、ダブルパンチの「向かい風」となります）。

オリンピックに人手不足、コスト上昇要因には事欠かない

こうした政府を挙げてのデフレ脱却への取り組みに加え、不動産市場に関しては、さらにいくつかの価格上昇につながる要因が存在しています。

みなさんご存知のとおり、2020年の夏のオリンピック・パラリンピックは東京臨海部での開催が決定され、今後、開催までの数年間、首都圏において集中的なインフラ投資が行われることが確実です。

大きなものでは、成田空港と羽田空港を結ぶ鉄道の新路線の整備や、老朽化した首都高速道路の改修、小さなものでは東京23区の大部分の国道や都道に設置されている電柱を地中化するなど、さまざまな建設工事の可能性が取り沙汰されています。

東京五輪招致委員会によれば、合計で3831億円の建設関連投資が行われると試算されているのです（2012年6月時点の試算）。

こうした集中的なインフラ投資は、当然、それらの地域の地価や不動産の価格を上昇させ

ます。

実は、**東京都心部の不動産価格（特にマンション価格）は、デフレ下にあった過去10年についても、多少の上下はありながらもほぼ一貫して上昇していました**。にもかかわらず、臨海部などでは今後さらに不動産価格が上昇することが予想される、というわけです。

また、オリンピック・パラリンピックの開催地は東京に限定されますが、その影響は東京だけにとどまりません。

そもそも２０２０年のオリンピック・パラリンピックが東京に決まる前から、日本では東日本大震災からの復興需要、さらにはその後の防災・減災のためのいわゆる「国土強靭化計画」によって、建設需要が全国的に高まっていました。

そこにこのオリンピック・パラリンピックの開催決定ですから、建設業界は、突然の需要激増に人手も資材も払底した状態になってしまったのです。

実は、この突然の建設好景気の前、１９９２年〜２０１０年にかけて、日本では「ムダの削減」をスローガンに、公共工事の大規模な縮小を進めてきました。

その削減がある意味でゆきすぎ、日本全国で仕事を受注できる建設会社やその人員のリストラが進んでいました。そうした状況下での突然の需要激増ですから、全国的に深刻な人材不足や建築資材の不足が発生しているのです。

建設業界のほうでも、ある種、ムダの象徴として長年叩かれ続けてきたトラウマや、過去の累積債務があり、人員増や設備投資に安易に踏み切れない状況があります。

こうしたさまざまな要素が絡み合って、建設関係者の人件費や資材費が一気に値上がりし、マンションを新築するゼネコン各社や、アパートや一戸建てを建設する建築会社各社が、揃って悲鳴を上げているような状態が現在なのです。

私の周辺でも、自宅を建てるのに何ヶ月も待たされるような事例を多く耳にするようになってきました。

実際に、国交省が発表した平成25年11月の住宅着工統計では、マンション1件当たりの建築費が昨年比で5％以上上昇しており、２０１１年の底値と比べると、2年あまりで20％以上上昇している計算になります。

マンションデベロッパーはその値上がり分の多くを販売価格に転嫁しますから、新築物件の価格は上がることになります。新築の価格が上がれば、前述のように中古物件の価格も値上がりが予想されます。

現在、建設業界のこうした人手不足と資材不足が早期に解消される目処はまったく立っていません。よって**今後も数年間は、こうしたコスト上昇による不動産価格の上昇が、全国的に続くだろうと予想されている**のです。

ひと言コラム 2

生まれて初めての物件売却

私が生まれて初めて不動産を売却したのは、神奈川県横浜市にある中古のワンルームマンションでした。ワンルームマンションといっても面積は33平米ありましたから、通常のワンルームの2部屋分の広さです。

実はこの物件、ネットオークションサイトとして有名な「ヤフオク！」の不動産カテゴリに掲載されていた物件でした。

▼ヤフオク！　http://auctions.yahoo.co.jp/

現在の「ヤフオク！」の不動産カテゴリは、登録されている物件は数件のみ、ほとんどが外部の不動産会社にリンクされているだけの閑散とした状況ですが、当時は個人・法人・業者を問わず、あらゆる不動産を掲載することができる状態で、出品も多くありました。

当然、怪しげな物件も多かったものの、なかには「これは？」という掘り出しものもあるという、荒削りな面白さがありました。

そんなときに、ファイナンシャルアカデミーの代表であり、私の不動産投資の師匠でもある泉正人が、「束田さん、ヤフオクにこんな物件が出ているよ」と教えてくれたのが、その物件だったのです。

売出価格は650万円。当時の私にはリスクの高い金額に感じられましたが、価格交渉の結果、なんと250万円で購入することができました（この物件の価格交渉の経緯等については、拙著『20代・自己資金300万円　サラリーマン大家さん成功の法則』（あっぷる出版社）に詳しいので、本書では割愛します）。

リフォーム等に150万円かかり、合計400万円で完成。

月額家賃8万5000円で貸し出し、表面利回り25％の物件として完成しました。その状態で2年半運用したあと、750万円で売却することができました。税金や手数料、諸費用などを考えない単純計算で、

売値750万円―買値250万円―リフォーム等150万円＝売却益350万円
年間家賃収入約100万円×保有期間2・5年＝累積家賃収入250万円

となり、合計でおよそ600万円の利益が出たことになります。
まさに本書で提唱する、家賃収入と売却益での「利益倍増」を達成した物件でした。
この物件の成功要因としては、以下の3点が挙げられるでしょう。

1．〝入口〟の購入の時点で、大幅な価格交渉（値下げ）に成功したこと
2．リフォーム代を格安に抑えたこと
3．美麗リフォームによって、月額家賃をアップできたこと

以上の3点により、非常に高利回りな物件にできたことが何よりの勝因です。

これにより、所有期間中の家賃収入もしっかり入ってきたことはもちろんですが、売却する際にも引く手あまたとなり、売りに出すと決めたら、すぐに手放すことができました。高利回りの物件は誰でもほしがりますから、売値を強気に付けることも可能でした。

この物件を売却したのはまだデフレ真っ最中の時期でしたが、入口時点の価格交渉やその後のリフォームなどを工夫して利回りが高い物件にできれば、「向かい風」の状況下でも十分に〝出口〟での売却益を狙えることが、この事例から理解していただけると思います。

インフレ時代に不動産投資をせずに、いつするのか？

本章の最後に、今後、実際にデフレからの脱却が達成され、年率2％程度の継続的なインフレが始まった場合に、不動産がどのくらい値上がりすると予想されているのかを見ておきましょう。

『日本の不動産　急浮上が始まる！』（かんき出版）などの著書で知られる、ドイツ証券シニアアナリストの大谷洋司氏は、年間インフレ率が2％であれば、不動産の価格は20％上昇すると断言しています。

また、次ページのグラフは都市未来総合研究所が公表した「不動産レポート2014」から引用したグラフですが、これを見てもほぼ同様の数字が予想されることがわかります。日本では過去、**不動産の価格がインフレ率の10倍程度の幅で値上がりしてきた**のです。そして今後も、その傾向は続いていくと予想されています。

政府が全力でインフレを起こそうとし、さまざまな要因が不動産価格の上昇をさらにあと押ししている現在こそ、不動産投資家にとってのまさに「ボーナスタイム」。大きな利益を

◆地価と物価の短中期変動（東京都区部）

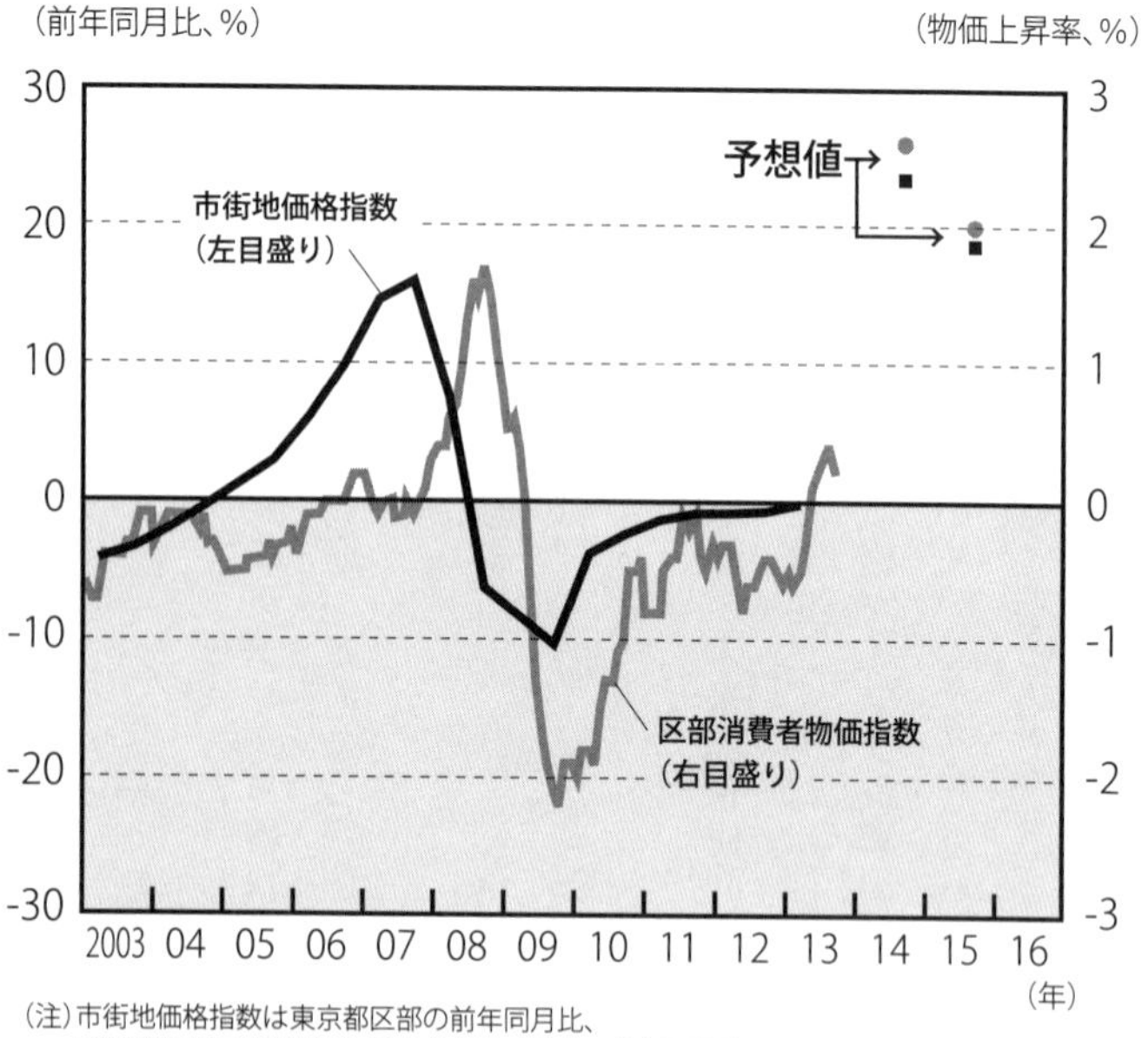

（注）市街地価格指数は東京都区部の前年同月比、
区部消費者物価指数は生鮮食品を除く総合の前年同月比
出所：都市未来総合研究所「不動産レポート2014」

手にするチャンスなのです！

次章以降、その際に必要となる出口戦略の知識や、将来の売却まで視野に入れた購入法、リフォーム法などの知識、ノウハウを解説していきます。

ぜひ、これらの知識やノウハウを身に付け、読者のみなさんもこの天与の「不動産投資のボーナスタイム」を、自らのものにしてほしいと願っています。

第2章

まずは、どんな「出口戦略」が考えられるのか把握する

これからの不動産投資では、これまでの家賃収入に加え売却益の獲得を目指した「出口戦略」を意識していくと、利益を得るチャンスが倍増することを説明しました。

そこで次は、その「出口戦略」にはどんな具体的選択肢があるのか、前提知識として把握していくことにします。

そもそも「出口戦略」とは何を指しているのか？

「**出口戦略**」という言葉は何となく使われることも多いのですが、この言葉がそもそも何を指しているのか、最初に定義を再確認しておきましょう。

「日経ヴェリタス」2013年2月17日号（日本経済新聞社）に、『マネー、次は不動産へ「アベノミクス」変わる本丸』という記事が掲載されていました。以下はその中の一文です。

「『あの物件がエグジットしたぞ』。最近、業界内で話題になったのが、東京・渋谷の道玄坂に立つビル。00年代初め、ある企業が売却。その後、証券化されて不動産投資ファンドのあいだで度々売買されてきた物件だ。リーマン・ショック後は損切りの連続だったのが、ようやく過去１〜２年に仕込んだ業者が益出しに成功したという。」

この文章にある「エグジット」とは、英語のexit、つまり「出口」のことを指しています。プロの不動産会社や不動産投資ファンドのあいだで転売されてきた物件が、長らく「損切り」、つまり購入価格よりも安い価格で手放されてきた。それが、このところの景気回復の恩恵を受け、ようやく「益出し」、つまり購入価格よりも高い価格で売却された、という記事です。

この記事では「出口」のことを、**ある物件を購入価格よりも高い価格で手放すこと**という意味で使っています。ということは、その「出口」に「戦略」が加わった「出口戦略」という言葉の意味・定義は、この例に準じれば次のようになるでしょう。

「ある物件を、購入価格よりも高値で手放すための作戦や戦略」

不動産への投資では、株式のように「空売り」をすることができません。つまり、価格が下がるほうに賭けることができません。そのため、原則として**最初に安く買って、あとで高く売る**ことが出口戦略の基本となるわけです（株式市場に上場している不動産投資信託への間接的な投資であれば空売りも可能ですが、話が複雑になるため、ここでは考えません）。

それでは、いわゆる「損切り」は「出口」に当たらないのかというと、そういうわけでもありません。

個人年金的な運用を想定し、生涯、物件を持ち続ける人も少なくない個人の不動産投資家に比べ、不動産会社やファンドなどのプロは、どの物件でも最終的には購入価格よりも高い価格で売ることを前提にして、物件を仕入れます。

その意味で、「出口」と言えば「高値で売り抜ける」ことを意味しているのは確かなのですが、当然ながら実際には、毎回うまくいくわけではなく、失敗することもあるわけです。

そうした場合には「損切り」が「出口」になるのですが、そういうときには「出口がうまくいかなかった」とか、「出口戦略に失敗した」という言われ方をします。

ですから、やはり「出口」に「戦略」が加わった「出口戦略」という言葉については、「**あ**

る物件を、購入価格よりも高値で手放すための作戦や戦略」という定義である、と理解して問題ないでしょう。

不動産会社や不動産投資ファンドの出口戦略を参考にする

実は、プロの不動産会社や不動産投資ファンドなどは、この「出口」を非常に重視しています。なぜなら、これらの企業やファンドというのは、期間当たりの収益を最大化することを命題としているからです。

「収益の最大化」という視点で考えると、家賃収入によるインカムゲインというのは、安定的に入ってくることが見込める反面、莫大な収益を産むものではありません。

個人投資家では、家賃収入による利回りは実質で年利10％前後が平均的な希望数字でしょうが、プロの不動産会社やファンドの場合、この数字は5％前後となります。これは、一般的に投資額が大きくなるほど、家賃収入による利回りの数字は低くなる傾向があるためです。

年間5％前後の利回りというと、投資額の大きさを考えればそこまで悪いものではありませんが、逆に、それほど大きなものでもありません。近々に賃料が大幅な上昇に転じるような局面がくるとは考えにくいため、5年当たりの賃料収入、10年当たりの賃料収入という視点で見れば、一定のレベルにとどまることが予想されます。

それなのに、もし売却時にキャピタルロスが発生してしまえば、ただでさえそれほど多くないそれまでの家賃収入の蓄積が、大きく目減りしてしまいます。場合によっては、すべての利益の蓄えが吹き飛んでしまうこともあるでしょう。

彼らは、それだけは避けたいと考えます。

その一方で、不動産の売却価格はそのときどきの情勢や個々の買主・売主の事情などによって、大幅に変動する可能性があります。「アベノミクス」の影響が大きかったここ1年程度のように、相場全体が値上がり傾向にある時期もありますし、個別物件のリフォーム等によって、その物件だけ売却時の価値が上昇するような場合もあります。

そうした価格変動のタイミングをつかんで、売却金額と購入金額の差額によるキャピタルゲインを得ることができれば、当然、インカムゲインによる最低限の収益を大幅に増加させることが可能になります。プロの不動産会社や不動産投資ファンドは、こうした収益の最大化を、常に虎視眈々と狙っているわけです。

個々の物件に対するこうしたプロの投資スタンスは、私たち個人の不動産投資家にとっても、大いに参考になる部分があるでしょう。

ひと言コラム 3

自社系REIT《リート》を受け皿にする出口戦略

少し余談になりますが、プロのなかでも比較的規模が大きい不動産会社では、企業規模に物を言わせて、こうした家賃収入と売却益の両取りをほぼ確実に狙える戦略・仕組みをつくっているところが少なくありません。

それは、**REITを利用した出口戦略**を最初から想定したうえで、物件を仕込んでいくスタイルです。

ＲＥＩＴとは「**不動産投資信託**」の英略で、株式市場に上場し、投資家から資金を広く薄く集めて不動産を運用するファンドの一種です。資金の出し手は、個人投資家や機関投資家などになります。

この出口戦略では、まず大手の不動産会社が自社系列のＲＥＩＴを設立し、株式市場に上場させます。

そして、自社が購入した物件を一定期間運用したあとで、このＲＥＩＴにある程度の売却益を乗せて売り渡すのです。

系列のＲＥＩＴと本体の不動産会社は別の事業体ではありますが、資本関係や人的関係などを通じて、大きな影響力を行使することができる間柄です。ＲＥＩＴの運用を担うファンドマネジャーの人選に当たっては大口出資者の意向が大きく反映されますし、ＲＥＩＴにおける物件購入時の価格交渉権は、ファンドマネジャーなどに一任されているのが普通です。

ですから、ある意味、不動産会社の意のままに譲渡価格を決定できるのです。

たとえるなら、ほぼ確実に買値よりも高い価格で物件を購入してくれる買い手を、最初から自社グループのなかに確保しているようなものです。

買い手が通常の法人子会社であれば、それはグループ内での利益の移し替えにすぎません が、受け皿がＲＥＩＴであれば、物件の購入資金は投資家が出してくれます。

何となく「ずるい！」と言いたくなる出口戦略ではありますが、合法であり、市場でそのＲＥＩＴが買われている限りは、問題なく資金が回ります。

個人の不動産投資家にはまねのできない、企業規模を活かしたうまい出口戦略と言えるでしょう。

株式投資の手法を参考に、ありうる出口戦略を考える

右のコラムで解説した出口戦略は、残念ながら個人の投資家ではまねができません。

では、個人でも使うことができる出口戦略にはどんなものが考えられるのか？　ここでは少し発想を転換して、株式投資での出口戦略からヒントを得られないか考えてみます。

たとえば海外のヘッジファンドなどは、それぞれの投資スタンスに応じて、次のようないくつかの種類に分類できます。この分類が不動産投資の出口戦略としても応用可能ですから、少し詳しく解説してみましょう。

✦アグレッシブ・グロース型

まずは「アグレッシブ・グロース型」です。この種類のヘッジファンドは、今後著しい成長が期待される会社の株へ、重点的な投資を行います。

株ではなく不動産への投資で考えれば、たとえば東京都心などの一等地、あるいは6大都市圏の繁華街などのエリアで、**今後、価格が大きく上昇しそうな大型物件、新築物件などを購入し、価格の大幅な上昇を待って売却、大きなキャピタルゲインを狙う**という出口戦略が考えられるでしょう。

これは、狙いが当たれば大きな儲けを取れますが、たとえば今後アベノミクスが失速し、景気が腰折れしてデフレに戻ったりしてしまえば、目論見が外れ、手痛いしっぺ返しを受ける可能性も高いハイリスク・ハイリターンの手法です。また、期待感からすでに価格の高騰が進んでしまっているような場合には、高値づかみになってしまう危険性もあります。

実例としては、2020年の東京オリンピック・パラリンピック開催が決定したあとの、東京臨海部のマンション等のケースがあります。

「週刊東洋経済」2014年1月11日号の『オリンピックで好転　湾岸エリアは大量供給』という記事によれば、これらの地域では2002年から2006年にかけて、3000万円～4000万円台が中心価格帯だったマンションの分譲価格が、現在では30%以上値上がりし、5000万円～6000万円台になっているとのこと。

ここからのさらなる値上がりを見越してこれらのエリアのマンションを買う、あるいは、隣接する地域にも値上がりの波が波及するのではと予測して、まだ値上がりがさほどでもない隣接地域の物件を買う、などといった投資は、まさにこの「アグレッシブ・グロース型」の出口戦略を想定した行動と言えるでしょう。

✦ディストレスト・セキュリティーズ型

このタイプは、リストラや事業再生法の申請、再編などの渦中にある企業に投資するヘッジファンドです。企業がうまくリストラ等に成功して、蘇れば大きな利益が狙える反面、そのまま再起できず、株券が紙くずになってしまう可能性も高い手法です。日本では「ボロ株投資」と言われることもあります。

これを不動産投資での出口戦略に当てはめれば、**ワケあり物件を購入し、リフォームなどで状態を改善させてから売却する手法**ということになるでしょう。

たとえば過去に入居者の自殺があったり、現状がボロボロだったりしてそのままではとても住めないような物件です。こうした物件は〝ワケ〟がある代わりに、建物はタダ同然、土地値のみの安値で購入できることが少なくありません。そこで、それらの物件を安値で購入して、自分で資産価値を向上させるのです。

リスクとしては、リフォーム等での資産価値向上に失敗した場合には、損切りが避けられないことなどが挙げられます。

本書においてお勧めする出口戦略のひとつは、まさにこのような手法です。**マンションの区分所有物件であれば、大規模修繕直前の物件を安く購入し、大規模修繕が終わったあとに売却を狙う**。あるいは、**室内がボロボロで見た目で敬遠されてしまう物件を**

安く購入し、リフォームが終わったあとにそのまま売却したり、高利回りで一定期間運用したあとに売却したりするパターンです。

35ページのコラムで取り上げた私の最初の売却物件などは、650万円の物件を250万円まで値切って購入しました。

なぜ、それができたのかと言えば、それがあまりにもボロボロの物件だったからです。マンション全体の修繕積立金も100万円に満たず、当然のごとく大規模修繕はしたことがなく、今後もする目処が立っていませんでした。部屋のなかもいわゆる「スケルトン状態」、つまり天井や壁、床などがなく、コンクリートがむき出しの状態でした。

このような状態の物件は多くの人が敬遠するため、投資家に見放された結果、値段はタダ当然にまで下がってしまいます。

そうした物件が、運よく大規模修繕されたり、あるいは独自の室内リフォームに成功したりすれば、その物件本来の価値が見直されて、値段は上昇することになるのです。

コラムの事例のケースでは、購入前の段階から大規模修繕される見込みはまずないと踏んでいたので、自力で何とかできるリフォームに全力を注ぎ、前述したような成果を得たのでした。

◆インカム型

このタイプのヘッジファンドは利子や配当を重視し、高配当率の株式銘柄や、高金利の債券等に資金を投下していきます。ただ、継続的な収入（つまり、インカムゲイン）を確実に得ることを重視するため、あまりに高配当の銘柄や債券は、長続きしないものと考えて敬遠することが多いようです。各国の年金基金など、元本を大きく減らすことが許されない投資主体に、多く見られる投資スタンスと言えるでしょう。

このタイプの投資手法を不動産投資での出口戦略に応用して考えれば、次のようになります。

即ち、**高利回りの物件を中心に購入し、継続的に家賃収入を得ることを重視する従来型の定番投資手法**です。あるいは、**ボロ物件を安く購入した場合**などは、大抵のケースで高利回りが達成できますから、この手法に該当するでしょう。

このタイプの投資手法では、物件を売却してしまえばインカムゲイン（家賃収入）は絶たれることになります。ですから、出口については事前にあまり詳しく想定しません。原則として売却は考えずに、長期保有を主眼とするのです。

不動産であればそのまま生涯持ち続けるようなケースとなるわけですが、不動産であっても、どこかの時点で物件の価値はなくなり、人が住めなくなったりして投資物件としては考えられなくなります。ですから、**出口の部分に多大なリスクを抱えている手法**と言うこともできるでしょう。

✦オポチュニスティック型

特別な出来事や状況を材料にタイミングよく投資を行っていくヘッジファンドを、このように呼びます。日本では「イベント投資」などとも呼ばれる投資手法です。

たとえば、本書ですでに何度も取り上げている東京オリンピック・パラリンピックの開催という〝材料〟であれば、大会会場となる東京臨海部に倉庫や工場用地などとして土地を持っている企業の株に投資をする。TPPなどの貿易協定の交渉が大きく進んだなら、食糧の輸出入や物資の往来が増えると予測して、それらの事業を手がける企業の株を買う、といった投資スタンスです。

これを不動産への投資に応用すれば、**鉄道の新路線開通や道路の拡張など、その地域・エリアの価値を高める工事が始まったら、同地域・エリアの物件にタイミングよく投資をし、値上がり後に高値で売り抜ける**といった投資・出口戦略になるでしょう。

あるいは、**マンションの建て替えや大規模修繕のタイミングを事前に計算に入れておき、そのタイミングに合わせて物件を売買する**場合なども当てはまると思います。

◆バリュー型

割安株への投資を行うヘッジファンドを、「バリュー型」と言います。

個人の株式投資の手法としては、一般に「シケモク拾い」と言われる手法です。あるいは、「低位株」や「ボロ株」への投資と呼ぶこともあります。

不動産に当てはめれば、**何らかの理由があって、本来の価値以上に売り込まれているエリアや物件を狙って購入。価格が見直されて値上がりしたら、売却益を得て売り抜けることを想定した手法**です。

その意味では、すでに述べた「ディストレスト・セキュリティーズ型」と、ほぼ同様の投資手法&出口戦略と言えるでしょう。

◆エマージング・マーケット型

モンゴルやベトナムなどの発展途上国の企業へ、重点的に投資を行うファンドがこのように呼ばれます。途上国の市場はまだ未熟な部分が多い分、発展や経済成長の余地が大きく、一般に先進国企業への投資よりも高い運用利回りを狙えます。そのため、このような投資手法を取るヘッジファンドは多く存在します。

ただし、より高いリターンが見込める分、リスクも高く、為替変動のリスクや、政治・経済・軍事などのいわゆる「カントリーリスク」も計算に入れる必要があります。

不動産への投資であれば、この種のヘッジファンドの投資手法は**海外不動産への投資**として考えることができるでしょう。

不動産への応用が可能な株式投資の手法としては、ここに挙げたようなものが中心となります（なお、ここで紹介した海外ヘッジファンドのタイプ分類は、『プロが教える海外資産投資　あなたの財産を有利に殖やすノウハウ』〈榊原節子・著／太陽企画出版〉で紹介されている分類を参考にしました）。

ただ、不動産投資が株への投資と大きく違う点は、**どんな投資手法を取ったとしても、家賃収入によるインカムゲインは基本的に常に存在しており、ある程度の安定収入を確保したうえで、投資の出口を時間をかけて探っていける**という点です。

そうした違いも含めて、これらプロの投資手法と出口戦略（このふたつは、表裏一体の関係にあります）を参考にして考えていくと、私たち個人の不動産投資家が取るべきそれも、自ずと定まってくると思います。

ひと言コラム 4

なぜ私は、海外の不動産を買わないのか？

ヘッジファンドの種類のひとつに、新興国企業へ集中的な投資をする「エマージング・マーケット型」というものがあることを紹介しました。

これを不動産投資に応用すると、海外不動産への投資ということになり、すでに人口の減少局面に入っている日本での不動産投資に比べて高い利回りを見込みやすいとして、魅力を感じる読者の方も多くいるかもしれません。

私自身、海外での不動産投資の可能性は常に念頭に置き、これまでもさまざまな調査をしてきました。しかし結局、いまだ実行には至っていません。これまで、一貫して日本国内の不動産を買ってきましたし、恐らくは今後も、この方針は変わらないと思っています。

それはなぜでしょうか？

理由は、私が重視している不動産投資上のポイントのいくつかにおいて、海外不動産投資では、自身が持っている強みやノウハウを活かしづらいと考えているからです。具体的には、以下の3つのポイントです。

その1．海外不動産への投資では、自分の土地勘を活かせない

自分の地元（狭義では家の近所。広義では日本という国）であれば、住所を聞くだけで、おおよそどんな街か想像できるでしょう。10年前の状態も、10年後の状態も、大体は想像できます。

また、価格や家賃の相場も予想が付きますし、たとえ予想が付かない場合でも、ネットや業者を通じてすぐに調べられるノウハウや人脈があります。

不動産投資では、このような土地勘のある人のほうが自信を持って価格交渉に臨めますし、将来の売却価格も予想しやすいので、土地勘のない人に比べると断然有利になります。

ところが海外の不動産への投資では、こうした相場観の判断を現地の不動産会社などのエージェント、つまり「他人」に委ねざるをえないケースがほとんどです。また、自分で物件情報を調べるときにも、慣れない地元の不動産検索サイトなどを使わなければなりません。

結局のところ、エージェントの腕がよければ成功する可能性が大きくなりますが、あまり腕がよくないエージェントであれば、失敗する可能性が濃厚です。こういう他人任せの投資は、私の好むところではありません。

その2. 言語や商習慣等の違いがあるため、持ち前の交渉力が発揮できない

不動産が素晴らしいのは、購入や売却の際に大いに価格交渉ができる点です。

自分の交渉能力次第では、ありきたりな物件を値下げさせて高利回り物件に変身させたり、その状態で高値で売り抜けたりすることも可能になります。

ところが海外不動産への投資では、言語の壁があるために思うような交渉ができません。また、商習慣や法制度の違いも、意外に大きく交渉に影響してきます。

結果、交渉で思いどおりの結果を出すのが難しくなるため、私が海外不動産投資に踏み切れない、大きな要因となっています。

その3．物件購入後の維持・管理業務に即応できない

さらには、物件購入後の維持・管理についても、自分が現地に住むのでもない限り、海外不動産では現地の管理会社に任せるしか手がありません。

その管理会社が優秀であればよいのですが、ずさんな対応しかしてくれないような場合には速やかに現地に赴《おもむ》き、別の管理会社に変更するなどの対応を迫られます。

自分にそれができるかと問われれば、なかなか難しいところがあるため、海外不動産投資には手を出していないというわけです。

このように、海外不動産投資では結局のところ、すべてにおいて他人任せになってしまいます。

私自身は、不動産投資で本当に面白く魅力的な部分は、自分でコントロール可能な範囲が他の投資に比べて広く、自分自身の力でより効率的に利益を獲得できるよう工夫が

可能なところだと思っています。

それなのに、その一番魅力的で面白い部分を他人に委ねてしまうのであれば、それはもはや、不動産投資とは呼べないのではないかとさえ思うのです。

どうしても海外の不動産に投資したいのであれば、そうした投資を中心に行うと明言しているＲＥＩＴや、海外不動産への投資を行う企業を集めた投資信託が国内の市場にいくつか提供されています。**それらの金融商品を購入したほうが、よほど確実**なのではないでしょうか？

この手法であれば、為替変動などのリスクの分散を図ることもでき、同時に、海外不動産への投資メリットも享受できます。手数料等でリターンがある程度減ってしまうのは避けられませんが、個人で海外不動産投資を行う場合でも、それなりの手数料をエージェントに支払うことには変わりありません。ですから、本質的にはそれほど大きな違いはありません。

日本に在住したまま海外不動産への投資を行うのであれば、現状ではこの方法がもっともスマートだと私は思っています。

個人投資家が取りうる出口戦略はコレだ！

では、プロの投資家ではなく、我々個人の不動産投資家が取りうる「出口戦略」とは、結局どんなものなのかを概観しましょう。

個人投資家の場合、大きく分けて以下のふたつの出口戦略を考えることができます。

◆売却による出口戦略

個人の投資家にもっともポピュラーなのが、不動産会社や不動産投資ファンドなどのプロと同じく、物件の売却を「出口」に据える戦略です。

このとき、物件売却の主な目的として次の3点があることを、しっかり把握しましょう。

ひとつ目の目的は、購入価格よりも高い価格で売って、キャピタルゲインを得ることです。

本書で、すでに何度も述べているポイントです。

ふたつ目の目的としては、それまでに返済したローンの元本を回収し、手元資金として再

投資可能な状態にすることがあります。これにより、次の物件への投資に移ることが可能になる、というわけです。

そして**3つ目の目的として、売却によってそれ以降の物件のリスクから逃げられる、つまり、手を引くことができる**という視点も忘れてはなりません。

これは、特に老朽化が進んだ物件などでは重要な要素です。築年数が多い物件では多額の修繕費用がかかったり、建て替えの問題が出てきたりするものですが、これらのイベントは投資効率を決定的に悪くします。そこで、ある時点で物件を他人に譲り渡すことによって、あなた自身がこれらの問題と向き合う必要がなくなる、というわけです。

これら3つの目的をどれも達成できた場合には、同じ売却でも「出口に成功した」事例、逆に、いずれかの目的を達成できなかった場合には、「出口に失敗した」事例として捉えて改善点を探していくことで、あなたの不動産投資の効率を上げていくことができるでしょう。

✦ローン返済による出口戦略

次に、個人投資家の場合には売却を想定しない出口戦略も存在します。

プロの不動産投資家の場合、すべての投資物件は最終的には売却することを前提とするのですが、個人の場合、必ずしも物件を売却する必要はないからです。

たとえば、そもそも売却をまったく考えていない物件というのもあるはずです。先祖代々受け継いできた土地にアパートを建築したため、たとえ本人が売りたくなっても親戚一同が許さない物件とか、新たに購入した土地や建物ではあるものの、立地がよいなどの理由があって子や孫の代まで残しておきたいといったケースです。

このように超長期に保有する予定の物件については、売却によって手を切る予定はないのですから、売却が「出口」とはなりません。

かといって、出口をまったく想定しないでいると、これらの物件で損をしているのか得をしているのかがわからなくなりがちです。そこで、こうしたケースについても、何らかの基準によって「出口」を迎えたかどうかを判断すべきでしょう。

ひとつの方法としては、**「売るつもりはないが、いつでも損をしない価格で売却できる状態」になった段階で、その物件の「出口」が確保できた、と考えることができます。**

たとえば、1億円のローンを組んで不動産を購入したような場合に、本人に何らかの健康上の問題が起きて働けなくなったとしたら、1億円の借金だけが残りかねません。そうした恐怖感を持って日々を生活していくのは、それなりに辛いものです。

しかし、もしその不動産の土地（この場合、建物の価値は度外視します）の売却価格が5000万円と見込め、1億円のローンが次第に減少して5000万円以下になってくれば、その段階で、以降は枕を高くして眠れるようになるはずです。

このような状態を、プロの投資家たちは「**土地値《とちね》に食い込む**」といった言い回しで表現します。「この物件は、購入してから15年経てばローンの残高が土地値に食い込むから、そこから先はいつでも物件を損せずに手放すことができる。その時点で出口戦略は完成だ（＝心配いらない）」というような使い方です。

この場合、建物の価値を含めないのは減価償却による価値の減少を意識しているためですが、**建物も含んだ売却可能価額をローン残高が下回った段階で、安全圏に到達した、とする考え方もあります**（こちらの考え方には「残債利回り」という概念を使います。残債利回りの計算方法などは第8章で後述します）。

個人投資家の場合は、大きくこのふたつの選択肢があることをまず理解してください。

第3章

出口戦略の成否は、物件購入時に9割決まる!?

前章で、個人投資家の場合に大きくふたつの出口戦略の描き方があることを理解しました。それぞれの出口戦略についてさらに詳しく見ていく前に、そもそも投資家が出口戦略を考えておくことのメリットとデメリット、また、個人投資家の場合に出口で破綻しやすい事例などを確認し、理解を深めておきましょう。

出口戦略をあらかじめ立てておくことのメリットとは

私たち個人投資家が出口戦略を検討していくことのメリットにはさまざまなものがあります。ここでは、特に重要なものをふたつ挙げておきましょう。

1．資産としての流動性が向上する

不動産の大きな弱点として、「流動性が低い」ことがよく挙げられます。

同じ商品がたくさん存在する消費財などとは違い、物件ごとの特性が基本的にどれもオン

リーワンで、また価格も高額であることから、売ろうと思ったときにいつ、いくらで売却できるかがなかなかわからないという特性を持つのが不動産という商品です。これは、「現金化するのに時間がかかる」と言い換えることもできるでしょう。

しかし、**出口戦略のしっかりした物件では、こうした不動産の不利な特性が薄まる傾向があります**。

つまり、売ろうと思ったときには短期間で売却でき、まるで銀行の定期預金のように、必要なときにすぐ現金化できる資産になるのです。しかも、**売却時の価格も下振れしづらくなる**ため、想定どおりの価格で売れるかどうかヤキモキするケースも少なくなります。

これは、出口戦略がはっきりしている物件では、あなたから物件を買うことになる次の買い手も、その人なりの出口戦略を立てやすいためだと言えるでしょう。

あなたがいったん出口戦略を立てているということは、後述する「出口戦略を描きづらい物件」＝「ダメ物件」である可能性も少ないということになるため、自ずから物件の評価が高くなる、という側面があるわけです。

2．資金を比較的安全に、効率よく増やせる

出口戦略をしっかり立てておくことで物件の流動性を高くできるのであれば、他の種類の投資に対する不動産投資の優位性は、さらに際立ってきます。

たとえば1000万円の資金を銀行に定期預金していても、現状での金利は0.2%～0.3%程度（本書執筆時点の主要ネット銀行1年もの円定期の金利を参考にしました）。年間2万～3万円程度の利子しか付かず、まさに「雀の涙」そのものです。

株式を購入して配当金や株主優待を受け取る投資方法もありますが、これはハイリスク・ハイリターンな投資。常に株価の下落を心配する必要がありますし、実際に手放すときに株価がいくらになるのか、事前に予測することは困難です。

一方で不動産への投資であれば、年間表面利回りで10%前後、経費を引いた実質でも5%程度の運用利回りを得ることは、それほど難しいことではありません。

そうした不動産が、出口戦略をしっかり立てておくことでいつでも換金可能な定期預金と同じ感覚で運用できるとしたら、それは投資家にとっては非常にありがたいメリットとなります。

もちろん、不動産では売買に伴う手数料や税金がかさみますから、あまり頻繁に売ったり

買ったりする人には不向きですが、おおむね5年以上保有することを想定できるのであれば、手数料や税金についても織り込むことが可能でしょう（つまり、手数料や税金以上の利益を得られるということ）。しかも、売却時の価格が購入価格を上回れば、売却益まで見込むことが可能になるわけです。

しっかりと出口戦略が確立している不動産への投資は、定期預金並みの安全性で株式投資にも匹敵する利回りを期待できるという、ある意味、ありえない手法を現実にできる可能性が高い投資手法なのです。

ひと言コラム 5

ローンの元本返済分は、物件に貯金される？

多くの個人投資家は、物件購入の際にローンを使用します。

私の経験から言うと、購入価格に対して90％程度の融資を組む投資家がもっとも多く、なかにはフルローン（100％）の融資や、オーバーローンの融資（物件価格以上の金額を借りる融資）を組む投資家もいます。

このようにローンを多用した投資の場合、初期費用が少なくて済むのは大助かりなのですが、反面、毎月のローン返済額は大きくなるため、家賃収入の手残りは意外と少なくなりがちです。

たとえば、家賃月額６万円の区分マンションを購入したのに、諸経費とローン返済の支払いをすると毎月５０００円しか手元に残らないといったケースもあります。

ちなみに、このときに毎月支払うお金のなかには「ローンの元本返済」が存在します。この「ローンの元本返済」は借りたお金そのものを返していることになるのですが、いくら支払っても税務上は一切経費にすることができません（確定申告の申告書にも、ローン金利の欄はありますがローン元本返済の欄はありません）。

したがって、節税効果のない、払いっぱなしの「もったいない支払い」という感覚になりがちなのですが、**このお金については物件を首尾よく売却することができれば、あとからしっかりと回収できる**ことを理解しておきましょう。

計算例をお見せしましょう。

たとえば、1000万円の物件をフルローンで購入したと仮定します。

この場合、1000万円全額を借りていますので、自己資金は0円で購入できます（購入時の仲介手数料などは除きます）。

そして、毎月5万円ずつ元本を返したと仮定します。年間では60万円の返済です。

5年後、60万円×5年＝300万円の借金を返せますから、当初1000万円だったローン残債は、700万円にまで減少しているはずです。

ここで、物件を1000万円で売却したと仮定するとどうなるでしょう？

1000万円の売却代金から、残ったローン700万円を返す必要がありますから、

売却代金1000万円－ローン残債700万円＝300万円

となり、5年間に返済したローン元本の累計と同額の、300万円を取り返すことができました。

もちろん、これだけではプラスマイナスゼロですが、その5年のあいだの家賃収入か

ら経費を除いた手取り額は、そっくりそのまま投資家の懐に入ったことになります。

手数料等を除けば自己資金ゼロであったことを考えると、これは、なかなかに美味しい話ではないでしょうか？

もちろん、「1000万円で購入した物件が、5年後に同じ1000万円で売却できるはずがない。たとえば900万円に値下がりしていたとしたら、結局100万円の損ではないか！」とおっしゃる方もいらっしゃるでしょう。

それは確かにそのとおりなのですが、その場合の100万円の損失は、元本の返済とは無関係に発生したものである、という理解が必要です。

仮に、その物件の購入時に1000万円の全額を手持ち資金で支払っていたとしても、同じ物件であれば、物件の売却時には100万円の損失が発生しているはずです。

ですから、「ローンの元本返済分は売却によって取り戻せる」というのは、それほど間違えてはいない考え方なのです。

この計算例からわかるのは、**毎月の家賃収入から支払うローン元本返済分のお金は、**

まるで"豚の貯金箱"のように、その物件に蓄積された状態になるということです。

そして、その豚の貯金箱を割る、つまり**物件を売却した瞬間に、蓄積されたお金は投資家のところへ返ってくる**ことになります。

こうした視点を持つと、いったん購入した物件をずっと保有し続けるよりは、たとえば5年程度の期間が経過したらその物件を売却し、資金をいったん手元に回収したほうがより効率的な不動産投資ができる可能性が高い、ということがわかってきます。

手元に戻した資金で、同程度のより築年数の浅い物件を購入し直せば、家賃の下落などにある程度対抗することができます。

物件のリフレッシュ、あるいはより利回りの高い物件への乗り換えの機会を持てる、という大きなメリットがあるわけです。

もちろん、売却の際には手数料や税金がかかりますから実際に効率よく運用できるとは限りませんし、売却時のキャピタルロスが大きくなれば、いくら物件の売却損はローン元本返済の蓄積分とは無関係といっても、総合的に考えたときの損が大きくなってしまいます。
ですからやはり、より高値で売るための出口戦略は重要なのですが、それとは別の部分でローン元本返済分は売却時に手元に戻ってくる、という視点を持つことは、今後の投資行動を考える際に大いに役立つはずです。

入口時点で「ダメ物件」をつかまされないよう見極める

不動産投資において、ここで説明した出口戦略を立てることのメリットを享受できるかどうかは、**かなりの部分、購入の〝入口〟時点で決まってしまいます。**

もちろん、すでに購入し保有している物件に、リフォーム等であとから〝出口〟をつくるようなことも不可能ではありません。しかし、購入時点から出口を意識していた場合に比べると、その場合の投資効率や成功確率が低くなるのは間違いないでしょう。

つまり、物件の購入に当たって、私たちは出口戦略が成り立ちづらい「ダメ物件」にはどんなものがあるのか、事前によく理解しておく必要があるということです。

原則としては、**「売りたいときに売れない物件」**や、**「売ろうとしても価格が付かず、大幅な値下げなどをしないと手放せない物件」**というのが、出口戦略を立てづらい物件の代表格となります。

このようなダメ物件をつかまされないように気を付けることが、不動産投資で資産を早く増やし、大きく成功するための近道です。

これらのダメ物件を大別すると、主に次の3種類に分けられます。それぞれについて、より詳しく解説していきましょう。

①　表面利回りが周辺地域のキャップレートより低い物件
②　立地地域が田舎すぎる物件やリゾート物件
③　購入の際に、ローンの利用ができない物件

ダメ物件①：地域のキャップレートより利回りが低い物件

投資用物件の利回りは、一概に「何％あればよい」と断言することはできません。それは、それぞれの物件の条件や状態、立地、あるいは買い手の事情等によって、適正なレベルというものが変わってくるからです。

しかし、ある程度は「適正」とされている利回りが、物件の立地する地域やエリアごとに決まっているものです。そうした、いわゆる「相場」を示す利回りのことを、この業界では**「キャップレート」**と呼んでいます。

例を挙げると、東京23区の中心部となる千代田区や港区であれば、現在、表面利回りが５％前後になっている物件が圧倒的多数を占めています。利回りが10％以上の物件を見つけることは、現状ではなかなか困難です。

となれば、東京都心部、特に千代田区や港区の現在のキャップレートは、５％であると考えられます。

逆に地方都市に行けば、6大都市圏であっても表面利回り10%程度の物件が当たり前で、5%の水準であれば、現状では利回りが低すぎて誰も買おうとしません。

であれば、その地方都市のキャップレートは、現状10%であると言えるでしょう。

このように、一般に都心部などの立地がよい地域であればあるほどキャップレートは低くなり、逆に、不人気な立地になればなるほどキャップレートは上がる、という反比例の関係があります（ただし、あまりの僻地《へきち》になると取引そのものが少なすぎ、妥当と言える水準が算定できずにキャップレートが「測定不能」になってしまいますので、この点には注意が必要です）。

さて、キャップレートについて理解したところで、とある地域のキャップレートが10%だったと仮定しましょう。その地域で、仮にあなたがキャップレートより利回りが低い、表面利回り8%の物件を購入したとします。

将来、その物件を売ろうとしたときのことを考えます（実際には、時代の変化でキャップレートは少しずつ変わっていくことが多いのですが、ここでは時間の経過にかかわらず、キャップレートが一定だったと仮定します）。

同じ地域で、自分が購入したときと同じ表面利回り8％となる売却価格1000万円の設定で売り出したとしても、それではなかなか買い手が見つからないはずです。

それは、当然ながらその地域の相場となる利回り＝キャップレートよりも、その物件の利回りが低いからです。売却価格を下げて、利回りがキャップレートと同率となる10％前後にまで上がったとき、初めて多くの買い手が現れることでしょう。

このたとえを数字で示すと、次のようになります（解説をシンプルにするため、ここでは税金や手数料は計算に入れていません）。

【購入時】利回り8％（対キャップレート▲《マイナス》2％）**の物件：購入価格1000万円**
年間家賃収入80万円

↓　売却価格1000万円、表面利回り8％では次の買い手が付かず

↓　売却損益はなし（買い手が付かなかったため）

これを利回り10％にして売り出すためには、

年間家賃収入80万円÷売却価格X円＝利回り10％

という計算式を解くこととなり、解式は省略しますが、結局、売却価格X円を800万円に設定する必要が出てきます。

【売却時】利回り10％（対キャップレート±0％）の物件：購入時価格1000万円
年間家賃収入80万円
↓ 売却価格800万円で次の買い手の表面利回りが10％になり、早期の売却可能
↓ ただし、売却損200万円が発生

このように、その地域のキャップレートに比べて利回りが低い物件というのは、将来の売却に際して、売り手側に「売却損」というキャピタルロスが発生する確率が非常に高くなるのです。

当然、有効な出口戦略も立てづらくなり、せっかくの家賃収入によるインカムゲインの蓄積を、将来大きく毀損《きそん》しかねない「ダメ物件」の典型例となるわけです。

✦地域のキャップレートより利回りが高い物件は「優良物件」

なお、こうした「ダメ物件」の真逆の性質を持つ物件は、当然ながら出口戦略を立てやすい「優良物件」ということになります。

たとえば再度、ある地域のキャップレートがおよそ10%だったと仮定しましょう。
この地域で、あなたが表面利回り12%の物件購入に成功したとすれば、その物件はもはや、いつでも売りたいときに、最低でもその地域の相場となる表面利回り10%程度の価格設定で売ることが可能なはずです。
数字で表すと、以下のとおりです。

【購入時】利回り12%（対キャップレート+2%）の物件：購入価格1000万円、年間家賃収入120万円

これを、キャップレートと同率の表面利回り10％にしたいのですから、

年間家賃収入120万円÷売却価格X円＝利回り10％

という計算式を解けば、結局、売却価格X円は1200万円と導かれます。

【売却時】利回り10％（対キャップレート±0％）の物件：購入時価格1000万円
年間家賃収入120万円

↓売却価格1200万円でも次の買い手の表面利回りが10％あり、早期の売却可能

↓売却益も200万円を確保

売却益も200万円確保できる計算になりますから、この物件への投資を通算で見れば、家賃収入と合計してダブルでの収益確定ができるというわけです。

相場と同等の価格設定ですから、買い手からの値引き等の要請にも強気で対応できることは言うまでもありません。

✦保有物件の利回りはコントロールできる！

ここでの話をまとめると、売却の際に利益が出るかどうか、要するに**出口戦略が成功するかどうかは、実は物件の表面利回りと、その地域のキャップレートとの大小によって、かなりの部分が決まってしまう**ことがわかります。

【売却損益とキャップレートの公式】

あなたが物件を購入したときの利回り　＞　地域のキャップレート　↓　売却益が出る

地域のキャップレート　＞　あなたが物件を購入したときの利回り　↓　売却損が出る

この公式をしっかりと頭に入れ、くれぐれも地域のキャップレートより低い利回りとなる物件を購入しないことが、絶対に必要となるわけです。

そのためには、**自分の購入する物件の利回りをコントロールする**、という視点が必要になります。

まだ物件を購入する前であれば、購入価格の交渉によって、物件の価格を値下げさせることが大いに役立ちます。仮にある物件を半額に値切って買えたとすると、入ってくる家賃収入には変化はないのですから、単純計算で利回りは2倍になります。

購入価格の値下げ交渉は、利回りの向上に直結するのです。

購入時には価格を徹底的に値切ることによって、キャップレートを上回る利回りを達成できるように頑張りましょう。その努力は十分に報われる努力ですから、本書では価格交渉のコツについても1章を割いて、のちほど詳しく解説しています（第6章参照）。

また、**物件を購入したあとであっても、物件の利回りを上げることは可能**です。

その代表的な手法はリフォームで、空室であれば即リフォームを行い、付加価値を付けることによって相場よりも高い家賃で貸し出すことが可能になります。

現状で入居者がいるオーナーチェンジ物件であっても、その家賃が相場よりも安く貸し出されているようであれば、現在の入居者の退去を待って適正な家賃を付けるだけで、利回りが上がることもあります。

このような利回り向上の取り組みを行い、地域のキャップレートを安定的に上回ることができている物件というのは、出口戦略がしっかり描かれており、家賃収入と売却益の両取りが確実に狙える物件、ということになるでしょう。

ひと言コラム 6

キャップレートを把握するには、とにかく数を見ること

「キャップレート」とはその地域の物件の平均的な利回りのことですから、この利回り自体をあなた自身が直接コトンロールすることはできません。また、どこかのホームページに各地域ごとのキャップレートが公開されているわけでもありません。

地元の不動産会社などは現在の地域のキャップレートがどれくらいか感覚的に把握していますが、大事な商売のネタですから、一般の投資家にそれを教えてくれることは少ないようです。

あなたが自分で確実にできることは、**その地域の物件をひたすら調査し、物件価格と家賃の相場を把握すること**だけです。

多少迂遠《うえん》ではありますが、実はこれこそが、不動産投資を成功させるうえで必要不可欠な要素だと私は考えています。

私が「不動産投資の学校」で講師をしていて、初心者の方々にまず伝えるのは、「自分の得意とするエリアを決めて、最低1000件の情報（広告／マイソク〔販売図面〕）を見ましょう。そして、最低100件の現地調査を行いましょう」ということです。

広告チェック1000件、現地調査100件というと膨大な数に感じますが、これらの数字はあくまでコツコツと積み重ねていく累計の数字です。ですからそれなりの時間をかければ、誰でも、どんな人でも実現可能です。

目安としては1年間くらいでしょうか。

そうすると、1年後にはそのエリアの相場を熟知し、地域のキャップレートがどれくらいかをおおよそ把握できるようになります。広告をパッと見て、利回り何％くらいなら普通の物件で、利回り何％以上ならお買い得物件だということが、瞬時に判断できるようになるのです。

その意味で、**キャップレートをコントロールすることはできないけれども、理解する**

ことは可能です。それは、投資家本人の努力次第だと言えるでしょう。

一方、ありがちな話ですが「海外の不動産投資が有利だ」と聞いて、マレーシアやハワイなどで売りに出されている高利回り物件を、飛び付くように購入する方がたまにいらっしゃいます。これは、非常に危険なことだと言えるでしょう。

エージェントは、「この地域では利回り5％の物件が当たり前なんです（つまり、その地域のキャップレートは5％である）」などと説明するでしょう。しかし、果たしてあなたには、それが本当だと確信できる根拠が何かあるのでしょうか？　エージェントは露骨な嘘はつかないまでも、物件の販売に不都合な事実まではあなたに教えないかもしれません。

やはり、どの国、どの地域で不動産を買うにしても、その地域の相場を熟知するまでは物件探しを繰り返してから、購入に至るほうが安心だと思います。

このような手法を、不動産投資家たちは「**1000：100：10：3：1の法則**」とも呼んでいます。1000の物件情報を見て、100の現地調査を行い、10件に買い付けを申込み、３件で融資交渉をして、最終的な1件の購入に至る。

ここまで実行できたなら、不動産投資で失敗する可能性など、ほとんどゼロにできるはずです。

ひと言コラム 7

キャップレートの変動にご用心

キャップレートは同じ地域でも時代によって変動していきます。

たとえば、２００６年～２００８年にかけて都市部で発生した「不動産ミニバブル」のように、内外の機関投資家や個人投資家が競って不動産を買い漁《あさ》るような状況が発生すると、高利回りの物件が次第にエリアから消滅していく、という現象が起きます。

まずは都心から利回りが10%を超える物件が消え、次に9%が消え、8%が消えとなっていき、最後には利回り7%台の物件が当たり前の状態になっていきます。

こうなると、キャップレートもそれに合わせて自然に低下していくわけです。

利回りが10％のころに不動産を購入した投資家から見れば、本人の努力とは無関係に、利回り7％でその物件を売り出すことができる状況となります。

つまり、売却価格をより高く設定できるようになるのですから、キャップレートが変動したことによって、キャピタルゲインを確実に手にできる嬉しい状況になる、というわけです。

しかし、当然ながら同じ仕組みは逆方向にも動きますから要注意です。

先ほど述べた「不動産ミニバブル」の波に乗って利回り7％台で物件を購入した投資家は、結局、「高値づかみ」をしたことになりました。

その後、2007年のサブプライムローン問題や翌年9月のリーマンショックで相場が大きく崩れ、不動産価格が下落したことによって、利回り7％では誰も買ってくれない、8％でも買ってくれない、9％でも、10％でも……といった状況になり、キャップレートは一転、どんどん上がっていったからです。

すると、高値づかみをした投資家は、物件を売却しても損をするだけになりますから、あとは物件を塩漬けにして売買せず、保有を貫くしか選択肢がなくなります。

もちろん、その場合でも家賃収入についてはある程度確実に入ってきますから、長いスパンで見れば利益を出すことはできるでしょう。しかし、そのあいだは資金を動かすことが不可能になります。たとえより魅力的な物件を市場で見つけたとしても、損切りを覚悟しない限りは次の物件へのシフトができませんし、次第に物件が老朽化して、家賃収入の額も小さくなりがちです。

こうした状況に陥らないよう、**キャップレートが大きく変動しているときには物件の購入に大いに慎重になるべき**だと、私は思います。

ダメ物件②：立地地域が田舎すぎる物件やリゾート物件

熱海や軽井沢に代表されるような、「リゾート地の物件」にも注意が必要です。

リゾート地のなかでも特に人気がある地域の物件は高値で取引されますが、少し地域がずれてしまうと途端に人気がなくなるからです。

不動産は需要と供給の関係で値段が決まります。ですから、人気のない地域ではいくら立派な物件だったとしても、買い手がなかなか見つかりません。先ほどのキャップレートの例で言えば、あまりにも売買件数が少なすぎて、キャップレートの相場すら決まらない地域というのが多々あるのです。

そうなってしまうと、仮に計算上の利回りが20％でも30％でも、買い手が慎重になるため、長期間買い手が見つからなくなってしまいます。

それは、計算上の20％の利回りは、あくまで入居者が見つかればの話であって、実際には購入後1年以上経っても入居者が見つからなければ、実際の利回りは0％になってしまうからです。

買い手が見つからなければ、保有し続けるしか手はなくなり、そのあいだ資産を寝かせてしまうことになりますし、入居者が見つからなければ維持管理費用も飛んでいきます。出口戦略としては大失敗となります。

ちなみに、入居者が付いた際の利回りが20％もあるのであれば、5年で元手を回収できる計算になりますから、多少空室期間が長くても問題ない。元手の回収が終われば損をする可能性は少なくなりますから、元手回収の時点で出口が完成した、と考える場合もあるでしょう。ただしこれは、初心者にはあまりお勧めできない手法です。

なお、リゾート物件以外でも、立地が田舎すぎる物件への投資には同様のリスクが存在します。

このような物件を避けるためには、**原則として都市部の物件に投資先を限定する**ことが一番です。

もし地方で不動産投資をする場合にも、今後、ある程度の人口増が見込める都市部、たとえば県庁所在地などに立地する物件に投資対象を絞るといいでしょう。

それ以外の地方物件については、たとえば自分が生まれ育った土地勘がある地域であるなど、現地の状況がよくわかっており、投資成功の目算が立つ物件に限って投資を行うようにしてください。

ダメ物件③：ローンが利用できない物件

不動産は購入価格が高額になるため、融資が付かないと途端に買い手が少なくなり、売りたいときに売れない、ということになりがちです。

私の経験から言うと、1000万円以下の物件であれば現金買いの人が現れやすいために大きな支障はありませんが、2000万円、3000万円と金額が上がれば上がるほど、融資が付くかどうかが切実な問題となってきます。したがって、

「融資が付かない」＝「売るのが困難」＝「出口戦略が立てづらい」

という図式ができ上がります。

融資が付きにくい物件としては、以下のような典型例がいくつかありますから、こうした物件は原則として購入しないよう、入口時点で十分に気を付けることが必要です。

✦築年数が古すぎる物件

不動産は土地と建物に分けられますが、このうちの建物は、構造ごとに**法定耐用年数**という〝寿命〟が決まっています。

これは、実際にその年数になるともう住めなくなる、使えなくなるという〝寿命〟ではなく、税金（減価償却費）を計算する際の目安として決められているもので、そこから「金融機関が融資を行う際の返済期間の目安」としても使用されています。

たとえば、「法定耐用年数があと20年残っている物件」には、金融機関は原則、返済期間20年までのローンを実行する、といった形で利用されるわけです。

不動産投資では、一般的にこの法定耐用年数が15年以下の物件になると、無理に融資を組んで購入しても、ローンの返済額が家賃収入を上回ってしまい、キャッシュフロー（純粋な現金収支）がマイナスとなって物件を維持するのが難しくなります。

当然、買い手は購入を断念しがちになりますから、そこから先は現金買いの人を相手にするしかなくなります。

次ページに、法定耐用年数の一覧表を掲載しておきましょう。

◆建物の法定耐用年数（住宅用のみ）

構　造	法定耐用年数
ＲＣ（鉄筋コンクリート）造	47年
ＳＲＣ（鉄骨鉄筋コンクリート）造	47年
重量鉄骨造	34年
中量鉄骨造	27年
木造	22年
軽量鉄骨造	19年

出所：国税庁

たとえばＲＣ（鉄筋コンクリート）造で築20年経っている物件なら、法定耐用年数の残り年数は27年です。

木造で築20年経っている物件なら、残り年数は２年になります。

こう考えてみると、**木造の中古物件というのは法定耐用年数が元々短く、先ほど述べた「残り年数15年」を購入時点で確保するのが難しくなりがち**です。よって、実質的にはローンを組むのが困難です。

もちろん何事にも例外がありますので、そのような物件であっても融資を実行してくれる金融機関があることはあります（スルガ銀行などが有名です）。

ただし、そういう金融機関では、一般の金融機関に比べて融資の際の金利が高めになっています（たとえば年利４・５％程度）。

そのような高い金利を払い続けながら利益を確保するには、物件もそれなりに高利回りでなければなりません。これを物件の売り手側から見ると、高利回りでなければ売れない＝大幅な値引きが必要になるということで、結局、売却損が発生しやすくなってしまうというわけです。

例外として、東京や大阪などの都心部で、築40年～50年程度のＲＣ造物件でも値段がなかなか安くならず、常に買い手が見つかっている状況があります。これは、立地のよさが出口を確保してくれている状態と言えるでしょう。

また、もうひとつの例外として住宅ローンが使える物件もあります。

一戸建てや、登記簿上の床面積が40平米を超えるマンションであれば、普通の金融機関なら住宅ローンを利用できます。

住宅ローンは、原則として借りる人の年収を当てにして設定される融資であるため、その物件の築年数に関わらず融資をしてくれる傾向があるのです。したがって、ＲＣ造物件で築40年を超えていても、空室で40平米を超えていれば、35年ローンなどを組んで購入する人が現れることもある程度は期待できる、というわけです。

◆違法建築物件

容積率や建ぺい率などの建築基準法上の定めに違反している物件は、**違法建築物件ということになるため、金融機関は融資を行いません。**買い手は現金購入を迫られますから、なかなか買い手が現れない状況に陥りやすい、危険なダメ物件と言えます。また、たとえ買い手が現れたとしても、売却の際に大幅な値引きを迫られるケースが多いようです。

大阪などの関西地方では、容積率や建ぺい率がオーバーしている物件が非常に多いという特殊事情があり、多少のオーバーであれば金融機関も大目に見てくれるケースがあるようですが、やはり出口での大きなリスク要因となりますので、これから買おうという投資家であれば可能な限り避けるべき物件となります。

◆道路付けの悪い物件、再建築不可物件

日本では、4m以上の幅がある道路に2m以上接していなければ、その土地に建っている建物は再建築ができないことになっています。

これは、万が一地震や火事が発生した場合に、道幅が狭いと消防車や救急車などの車両が進入できず、火事が容易に広がり、人命救助の妨げにもなる、といったような理由から設け

られているルール（法律）です。

この法律が制定された際にすでに建っていた物件については、住人がそこに住み続けることは許されていますが、将来、建て替えをしたいと思ってもそれは許されていません（「既存不適格」と言います）。寿命が尽きたら取り壊すしかありませんし、火事が起きた場合にも建て直すことはできず、そのまま放置するか取り壊すしか手がありません。

実際には、大規模なリフォームによって実質的に新築同然の状態にする裏技もあるのですが、このような物件には金融機関は怖くて融資ができませんので、売却する際には現金の買い手しか見つけられない物件になりやすくなります。

つまり、買い手が現れるまでに時間がかかり、出口戦略が立てづらい物件と言えるのです。

◆木造テラスハウス、長屋

「木造テラスハウス」というのは、昔で言う「長屋」や「連棟式《れんとうしき》住宅」のことです。

2階建ての細い木造住宅が壁を接して、3〜4世帯がくっついた状態でひとつの建物を形成しているタイプの物件で、このなかの1世帯ずつが売買されるのです。

イメージとしては、木造アパートのバラ売りのようなものと考えるといいでしょう。

このタイプの物件は一時期人気を集めたのですが、ＲＣ造と違って木造は22年と法定耐用年数が短いうえに、テラスハウスは別の世帯の物件ともくっついているため**単独での建て替えができないという潜在的な欠点を抱えています**。

これは、４世帯なら４世帯、全体として同時に建て替えなければならないということです。資金的な面を考えると、普段から積立てをしていない限り、４世帯同時に資金を出し合って建て替えするのは現実的にほぼ不可能でしょう。それなのに、マンション等と違って修繕積立金のような制度がほとんど整備されておらず、建て替えができずに古くなれば古くなるほど価値が下がっていくだけ、という状態に陥りがちです。さらには、内装はともかく外装リフォームがなかなかできないために、見た目の印象も悪くなりがちです。

このような物件も金融機関のローンが付きづらく、イコール買い手が付きづらいため、出口戦略の立てづらいダメ物件の一種だと言えるでしょう。

✦更地にしづらい物件

たとえば木造物件で考えると、築年数が古くなれば取り壊して更地にし、土地として売ってしまう、という出口戦略を描くことが可能です。

土地さえあれば、アパートやマイホーム向けの建設用地として利用できることから、選択肢が幅広く売りやすいのです。そのため、最終的な出口も想定しやすくなります。

一方で、ＲＣ造の物件は取り壊しに多額の費用がかかります。建築年度が古い物件であればアスベスト（石綿）が使用されている可能性もありますので、なおさら取り壊し費用がかさむことでしょう。

耐用年数の残り年数がごくわずかな物件では、このように最終的な取り壊しの可能性まで考えて、更地にしづらい物件を避けるべきです。当然、金融機関のローンもほとんど期待できません。そのため、買い手を見つけづらく、出口戦略が立てづらいダメ物件となります。

以上のような各種のダメ物件について、私は「買ってはいけない」と決め付けるわけではありません。しかしそれぞれ、将来手放す際に多額の損失が出るリスクを抱えた種類の物件です。それでも購入するというのであれば、それらの損失をさらに上回る、多額の利益が見込める場合に限るべきでしょう。

出口戦略が立てやすい物件のデメリットとは

ここまでの解説で、出口戦略を立てやすい物件を選ぶことのメリットはよく理解していただけたと思います。

ところで、出口戦略のしっかりしている物件にはデメリットは何もないのでしょうか?

実は、出口戦略のよい物件には、ひとつ大きなデメリットがあります。

それは、**みながそういう物件をほしがるために、安く買うのが難しい**というデメリットです。常識的な物件を常識的な価格で買っていては、大儲けすることは難しいというわけです。

しかし、投資で大切なことは、大儲けをすることよりもまずは大損を避けることです。ミスをすること、つまりは損をすることを極力なくし、足場をしっかり固めてから儲けを伸ばすことにステップアップしていけばいいのではないでしょうか?

そう考えれば、出口戦略のよい物件の多少のデメリットには、ほとんどの人が目をつぶれるのではないかと思います。

第4章

物件のタイプ別：出口戦略の具体的な立て方

それでは、物件のタイプ別に、どのように出口戦略を立てていけばよいのかをより詳しく解説していきます。

不動産物件の種類は、その構造によって大きく**RC造**、**鉄骨造**、**木造**の3つに大別できます。これらそれぞれについて、お勧めの出口戦略の立て方を紹介していきます。

RC造の物件に適した出口戦略とは

現在の不動産投資では、ローンを利用する多くの人がRC造の物件を主な投資対象としています。その最大の理由は、法定耐用年数が比較的長く取れるところでしょう。ほかにも、地震や火災等にも強く、価格と性能、供給数の多さなど、総合的に見たときに不動産投資がもっともしやすい構造の物件と言えるのです。

RC造の物件にはオフィスビルもありますが、個人による不動産投資の対象となるのは通常はマンションです。マンションの区分所有物件か、一棟もののマンション物件ということになるわけです。

さて、このＲＣ造物件の法定耐用年数は、96ページの表にもあるように47年です。

ここでは、この47年間の法定耐用年数を三等分し、新築～築16年程度の期間に当たる「**初期**」、築16年～32年程度の期間に当たる「**中期**」、築32年以降の期間に当たる「**後期**」の３つのステージに分けて、それぞれの築年数に応じた望ましい出口戦略を考えてみます。

◆初期（新築～築16年程度）のＲＣ造物件の場合

まずは、新築からまだそれほど時間が経っていない初期に、ＲＣ造物件を購入する場合の戦略を考えます。ここでは、マンションの区分所有物件を例に考えましょう。

通常、マンションの区分が新築で分譲される際には、その価格に「**新築プレミアム**」と呼**ばれる多額の販売関連費用が上乗せされています**。

そのマンションを販売する際に費やされた宣伝広告費や、セールスパーソンの人件費などがここに含まれていますし、当然ながらデベロッパーが得るべき利益も、本来の価格に大きく上乗せされています。

たとえば建設原価２０００万円の物件ならば、広告宣伝費や人件費の回収分、さらに利益を合わせた１０００万円の新築プレミアムが価格に上乗せされ、合計３０００万円で売り出される、といったイメージです。

そして、この**新築プレミアムは、一般に新築から20年程度の期間をかけて、比較的急速に剥《は》がれ落ちていく**とされます。

俗に「新車は買って乗り出した瞬間に価値が2割減少する」などと言われますが、これと似たようなことが新築マンションでも起こるのです。マンションでは車ほど急激なスピードで価格が落ちていくわけではありませんが、それでも、早いケースでは10年ほど、遅くとも20年程度で、新築時価格に占める新築プレミアムの部分は消滅するわけです。

数字で見てみましょう。ここでは、投資目的で３０００万円で買った新築マンションの区分所有物件について、築10年で新築プレミアム分の１０００万円が剥落し、２０００万円にまで価格が下がる、と仮定してみます。

このケースで、仮に10年目にその物件を売却したとすると、その時点で１０００万円の売却損が出ます。つまり、10年で約33％ものキャピタルロスです。1年当たりに直せば約3・3％ずつのキャピタルロスを、毎年していた計算になります（物件を売却しなければこの売却損は実現しませんが、それでも、物件の評価額は同じペースで減っていきます）。

一方で、現状、新築マンションというのは表面利回り5％〜6％程度で分譲されることが多く、経費などを除いた実質利回りはせいぜい2％程度でしょう。

ということは、このケースでは少なくとも購入後10年のあいだは、資産価値の値下がり率3・3％が実質利回り2％を上回っており、毎月の家賃収入で見かけ上は利益が出ていたとしても、実質的には損失が出ている状態だと考えられる、ということです。

このように、**「RC造物件の代表格である区分のマンション物件では、初期に購入すると「新築プレミアムの剥落」という、急激な資産価値の減少をまともにくらってしまいます。**

当然、売却をすれば売却損が出てしまいますから、出口戦略が非常に立てづらく、何か格段の理由がない限りは、購入を避けたほうがよいタイプの物件ということになります。

とはいえ、こうした初期のRC造物件については、将来の売却時のキャピタルロスを覚悟して購入しても、結果として投資利益を確保できるようなケース、あるいは売却損を正当化できるようなケースも存在しています。

ひとつは、**物件価格の値上がりが期待できる強力な要因が、何かほかにある場合**です。

たとえば現在であれば、東京オリンピック・パラリンピックの影響で地価の上昇が見込めるお台場などの東京臨海部に位置する物件、あるいは、リニアや新幹線の新しい発着駅ができる名古屋駅周辺や金沢駅周辺の物件などでしょうか。

本書では、このような外部要因による物件価格の上下の予想はこれ以上しませんが、経済全体がインフレ環境になりつつあるいま、不動産価格が将来的に上がる地域は確かにあるでしょう。

そうした地域を予想し、その地域の物件を値上がり前に購入しようとするケースであれば、新築のRC造物件でも出口戦略を明確に描くことができます。

ただし、特定地域の不動産価格について、いつが値上がりのピークで、どのくらい上がってどのくらい下がるのかを予想するのは、プロでも大変難しいことです。

適切なタイミングで売り抜けられるかどうか、個人の才覚が厳しく試される手法であることはあらかじめ自覚しておきましょう。

もうひとつ、新築RC造物件を購入することが正当化される理由としては、**自宅、つまりはマイホーム用に購入して、新築プレミアムを自ら享受したい場合**が挙げられます。

やはり新築物件には、まだ誰にも使用されていないという気持ちのよさがありますし、最新設備や最新の間取りが利用できる住み心地のよさなどのメリットが存在します。

多額の費用を払ってでも自らそれを体験したいというのであれば、それは投資ではなく消費の一部、個人のライフスタイルのあり方の話になりますので、投資の採算性が悪かったとしても、ある程度は正当化できるでしょう。

借家住まいだった人がマイホームを持てば、それまで支払っていた家賃を払う必要がなくなりますので、出口での売却損はそうした家賃の節約効果で埋め合わせ、埋め切れない部分は新築プレミアムの対価として消費されたと考えると、出口戦略としてより明確になるでしょう。

✦中期（築16年〜32年程度）のRC造物件の場合

特にマンション物件において、「一番の狙いどき」と言えるのがこの中期の物件です。

新築プレミアムが剥がれ落ちたあとなので、価格の下落はひと段落。下がるとしても一気に下がるのではなく、時間をかけてゆっくりと下がる傾向があります。

結果、**物件の値下がり率以上の利回りで家賃収入を得ることが、比較的容易**となります。

これは、購入時の手数料や税金を無視すれば、いつ物件を売却したとしても少なくとも損をすることはない、ということとほぼイコールですから、大きなメリットです。

一方でこの築年数のマンションには、築年数相当に汚れや痛みが発生してきているので、それが競争相手を遠ざけ、価格交渉の材料としても利用しやすくなります。売り手が弱気になりやすいので、今後予想される値下がり分まで先取りして価格交渉することで、将来の値下がりを一定程度無視できるようにする、といった高等戦術も適用可能でしょう。

私がお勧めする中期マンション物件の出口戦略の必勝パターンは、以下のとおりです。

まずは、そうした価格交渉で可能な限り値切って物件を購入し、さらに、ポイントを押さえた格安リフォームによって付加価値を付け、毎月の家賃金額を上げます。

これによって、実質で10％前後の高利回りでの運用を実現し、そうした高利回りなインカムゲインを5年〜10年のあいだ享受。

その後、残存耐用年数が減り、さらに家賃が下落するなどして旨味が薄くなってきたら、建て替えや大規模修繕などの老朽化リスクを避けるために早めに売却します。これで出口戦略の完成となります。

このときには当然、できる限り高値で売れるように必要に応じて追加のリフォームなどを行いますが、**入口の価格交渉とリフォームの段階で高利回りの物件にできていれば、途中の管理がよほどまずくない限り、出口の段階でもそれなりに高い利回りを維持できます。**そのため、買い叩かれるようなことは少なく、むしろ引く手あまたで、追加リフォームも必要ないケースがほとんどとなるでしょう。

中期のRC造物件、特にマンションの区分所有物件ついては、この必勝パターンを念頭に、あなたなりの出口戦略を描いていただければと思います。

ひと言コラム 8

中期のＲＣ造マンション・区分所有物件の事例１

ここで、私自身の具体的な投資事例を紹介しましょう。

左にマイソクを掲載したのは、埼玉県川口市にある「Ｓマンション」です。

この物件は、昭和54年（１９７９年）築のＲＣ造物件でした。広さ45平米の中古ファミリーマンションで、売出価格は４８０万円。私が購入したのは２００４年で、築25年が経過した状態でした。まさに、中期ＲＣ造マンション物件の典型例と言えます。

私はまず、この物件の過去の売出履歴を調べることによって、自分が高値づかみをするリスクはないか、また、価格が下げ止まっている状況かを確認することにしました。

ここで活躍するのが、東京カンテイが提供している「マンション価格情報サービス」という有料情報です。

▼東京カンテイ「マンション価格情報サービス」 http://www.nifty.com/kantei/

マンション	価格	交通	名称
	480万円	埼玉高速鉄道　川口元郷駅　徒歩7分	Sマンション（5階）

図面

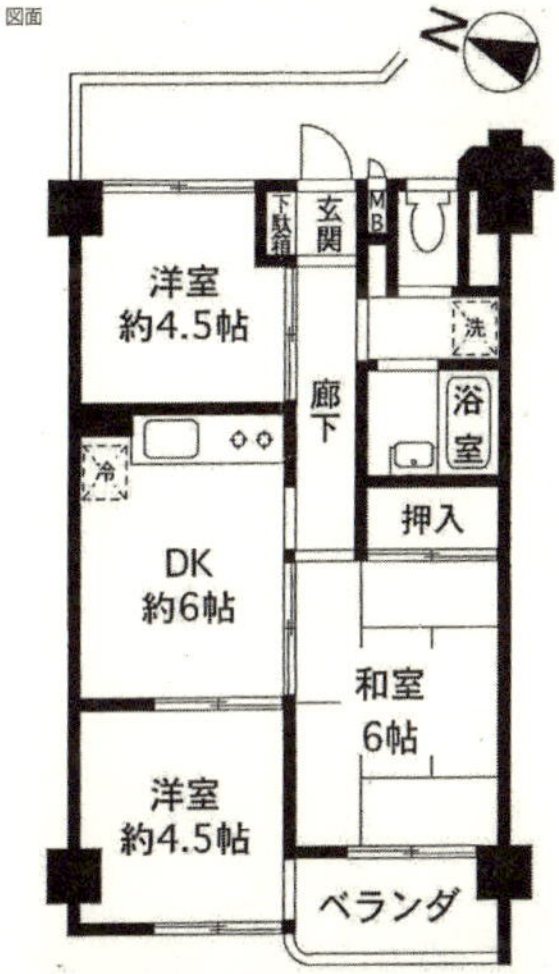

京浜東北線「川口」駅からも徒歩19分！

地図

[redacted]

☆フローリングDK
☆室内きれいです！

所在	（住居表示） 川口市〇〇●丁目●－●●
土地	所有権 面積 265.6 ㎡、共有部分 1666/31850 用途地域：準工業地域
建物	専有部分：壁芯 45.00 ㎡（13.61 坪） バルコニー：3.76 ㎡（1.13 坪） 専用庭：なし 間取り：3DK 1 戸の総戸数：16 戸 構造：RC（鉄筋コンクリート）、5 階建て 建築：S54 年 12 月
	分譲会社：株式会社すばる建設 施工会社：すばる一級建築士事務所 管理会社： 管理形態：自主管理 管理員：なし 管理費： 修繕積立金：月額 7,300 円 その他：月額 3,600 円 合計：月額 10,900 円
施設	施設内駐車場：空きなし トランクルーム：なし 給湯：ガス湯沸器 ガス：都市ガス エレベータ：なし
引渡	現況：空室 即可
備考	

株式会社 **すばる不動産販売** 川口店　TEL：000-123-4567	埼玉県知事 （●）第●●●号 （社）〇〇〇〇 協会会員 （社）〇〇〇〇 協会 株式会社すばる リアルエステート	登録No.	ABC0A0000		
		検　印	担当者	レインズNo.	取引態様　媒介

※本書に掲載のマイソクは、物件の特定を避けるために細部を改変しています（以下すべて同様）。

これは、わずか3000円少々を支払うだけで、当該マンションでこれまで物件がいくらで売り出されてきたかを調べられるサービスです（売出価格の履歴であって、成約価格の履歴ではないことに注意が必要です。成約価格については、不動産会社が利用できるサービスでは閲覧できるそうですが、個人投資家は見られません）。

私はそのサービスを利用し、過去の履歴を調べてみました。すると、最初の売り出しが築6年時となる1985年、45平米の3K間取りの部屋で1250万円。

その後も散発的に物件が出て、バブル絶頂期の1990年台前半には、45平米程度で2DKや3DK間取りの物件が2200万～2300万円程度にまで高騰していました。しかし、バブル崩壊後はどんどん売出価格が下がっていき、私が購入を検討していた物件の直前に売り出された45平米、3DK間取りの物件では、売出価格500万円にまで下がっていたことがわかりました。

このデータで、今回の物件の売出価格480万円が、このマンションの物件としてはこれまでで最安値であることがわかりました。これはひとつの安心材料ですが、ここからさらに価格が下がる可能性もないとは言えません。今回の物件の価格が底ではなく、まだ価格の下落途中にある可能性があるからです。

保険のために、もうひと息の価格交渉をして安く買うことができれば、将来売るときの心配が少なくなります。つまり、出口戦略がぐっとラクになるでしょう。

そこで、私はこの物件に対してさらなる値引きを要求し、結局、400万円で購入できました（価格交渉のテクニックについては第6章で説明します）。

不動産の売買では一般的に、仲介手数料等の諸費用として購入価格の1割程度の費用がかかります。したがって、この事例では物件価格400万円＋初期費用40万円が購入費用としてかかり、そこにさらに、内装のリフォーム費用として100万円程度を投入しました（リフォームのテクニックについても第7章で説明します）。

結局、総額約540万円で完成したわけです。

このあとすぐに賃貸に出してもよかったのですが、この事例では私は、この物件を自宅として使用し家賃を節約することを選択しました。

このような手法を「**ヤドカリ投資**」と呼んだりします。ヤドカリ投資のメリットとしては、主に次の3点が挙げられるでしょう。

ひとつめに、物件を賃貸に出す場合には、入居者がすぐに決まらずに数ヶ月間空室になることがままあります。しかし、オーナーが自宅として使用するのであれば、空室になることはありません（できるだけ早く引っ越しをしなければなりませんが）。

つまり、**空室リスクを減らすことができます**。

ふたつめに、自宅として保有物件を使用すると、**本来払うべきであった家賃を節約できます**。この節約効果こそが、家賃収入の代わりというわけです。

たとえば私のこの物件であれば、お金を払って借りるとすれば、類似物件の相場で7万6000円くらいの家賃がかかる物件でした。それを540万円で買い取ることによって、家賃タダで住むことができるわけですから、540万円の出費によって年間7万6000円×12ヶ月＝91万2000円の生活費の節約になります。

年間の利回りに直せば、16・8％もの高利回りでの節約効果ということになります（実際には管理費や固定資産税、ローンの金利などがかかりますので、これは表面利回りで、実質利回りはこれよりも数％低くなります）。

そして最後、3つめに、**当初のリフォーム費用を必要最小限にとどめ、あと回しにできる**というメリットがあります。

自分がそこに住むのであれば、リフォームは一度に完璧にする必要はありません。多少の不具合や汚れがあっても、自分が納得できるのであればそのまま住み、数年経ってからまとめてリフォームしたり、住みながらこまめに自分で直してしまうようなことも可能になります。大きな出費を先延ばしにできるので、資金繰りが苦しいときには特にありがたいメリットです。

結局、この事例では私はこうしたメリットを得ることを選び、取得した物件を自宅として使用しました。

そして数年そこに住んだのちに、自ら退去して別の「ヤドカリ物件」に引っ越し、このSマンション物件は他人に貸し出しました。結果、月額家賃7万6000円で入居者が決まりました。

7万6000円で入居者がいるということは、年間賃料91万2000円の「**オーナーチェンジ物件**」として市場に売り出せることになります。オーナーチェンジ物件というのは、購入する投資家からすれば入居者募集の手間が省け、購入した瞬間からすぐに家賃が入金されるというメリットがあります。

この状態ならよい条件での売却もできると判断した私は、この物件をすぐに売ることに決めました。では、果たしてこの物件をいくらで売り出すか、ですが、年間賃料91万2000円から逆算すれば、次のようになります。

表面利回り10%で売り出す場合 ………… 912万円
同　12% ………… 760万円
同　14% ………… 651万円
同　16% ………… 570万円　（以下、続く）

その地域のキャップレートは当時10%～12%だったので、単純計算では、少なくとも表面利回り12%想定の760万円程度では売れるチャンスがあると思われました。

しかし、実はこの物件には、そこまで強気になれない事情が存在しました。

第1に、このマンションでは修繕積立金が不足しており、大規模修繕の目処が立っていなかったことです。現状の外観も非常に汚い建物で、管理状態は劣悪の部類に属していました。ある程度は購入前から把握していたことですが、実際に住んでいたので、改めてこの点を痛感していました。

第2に、マンションの駐車場でトラブルが発生しており、敬遠される可能性があったことです。

本来、駐車場の利用権利がない人が勝手に駐車場内に車を停めたり構築物を置いたりして、マンションの管理組合とトラブルになっていたのです。

物件にこのような欠点があったため、キャップレートよりも多少高めの利回りとなる価格で売り出したほうが、スムーズに売却ができるだろうと判断しました。

結局、表面利回り14%となる650万円で売り出しを開始したものの、そこからさらに価格交渉が入り、表面利回り16%以上の560万円での成約となりました。

当初の購入総額540万円からすると、若干高めの金額で売れましたので、単純計算では一応売却益が出た分類になります。しかし、仲介手数料などの諸費用まで考えれば、厳密には売却で利益が出たとは言いがたいでしょう。

とはいえ、前述したような欠点やトラブルを抱えた物件でしたから、何とか損をせずに処分できたのは幸運でした。数年間自宅として利用できたことによる家賃の節約効果まで合わせて考えれば、それなりの利益を生んだ計算になります。

この事例から得るべき教訓は、**入口の段階で高利回りの物件を完成させることができれば、出口の売却の際にも高利回りとなる価格設定ができ、たとえ欠点がある物件であっても、損をせずに売却できる可能性が高まる**ということです。

実際、もしも私が入口段階での詳しい価格調査や値引き交渉をせず、物件を言い値の480万円で買っていたら、80万円の売却損が出ていたことでしょう。

これは、通常の耐用年数の減少による物件の値下がりや、今後、デフレに逆戻りしてしまった場合の不動産価格低下リスクなどへの対策にもなります。

入口で高利回り物件をつくり上げることができれば、たとえ売却で利益が出なかったとしても、所有期間中の家賃収入、もしくは自宅として住むことによる家賃節約効果で、少しずつでも確実に利益を産むことができる。あるいは、最悪でも損失を相殺して全体の損を最低限にすることが可能になる、ということです。

ひと言コラム 9

中期のＲＣ造マンション・区分所有物件の事例２

私自身の投資事例をもうひとつ紹介しましょう。

次の物件は、１９９３年築のＲＣ造物件。広さ56平米の中古ファミリーマンションで、売出価格６８０万円となっていました（次ページのマイソクも参照）。

私が購入したのは２００９年のことでしたので、築16年が経過した状態でした。ちょうど前述した「初期」から「中期」に移行した辺りで、値下げが一服した状態と言えます。

ここでも、私はこのマンションの過去の売出価格の履歴を確認しました。

東京カンテイの「マンション価格情報サービス」によれば、過去10年間の同マンションでの売出価格の履歴は１１８０万円～１３８０万円となっており、１０００万円を割り込んだことは一度もない状況でした。

◆日当り良好、通風良し！

外観

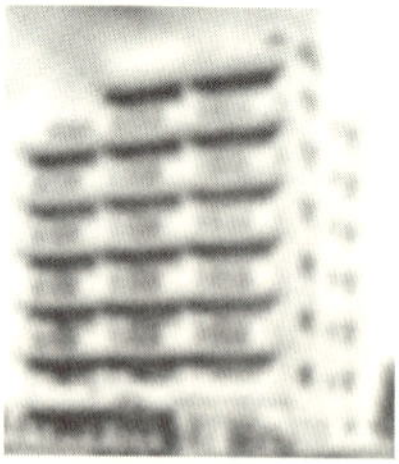

間取図

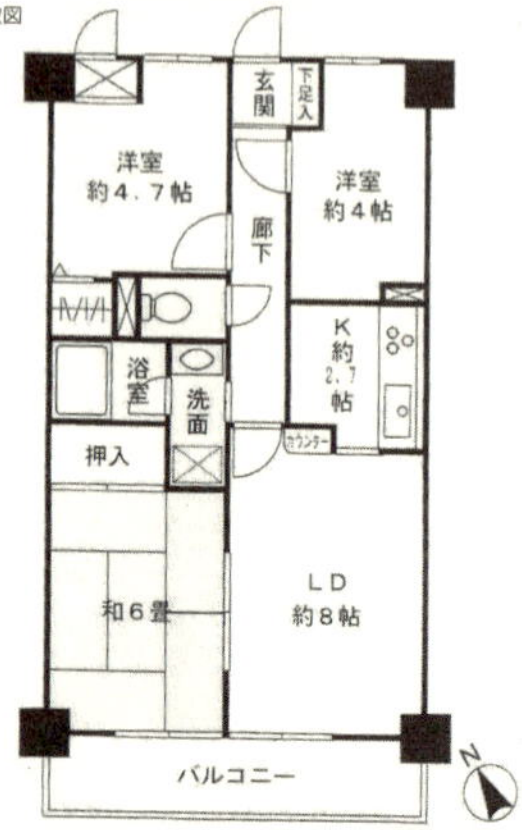

地図

[redacted]

物件種目	売中古マンション
名称	Cマンション参番館
最寄駅	松戸
間取り	3LDK
価格	680万円
所在地	千葉県松戸市○○●丁目（4階部分）
交通	JR常磐線「松戸」駅 徒歩21分 松戸駅 バス7分「○○」停車 徒歩3分
建物	構造・規模：鉄筋コンクリート造、地上7階建 専有部分：壁芯 50.43 ㎡ バルコニー面積：6.88 ㎡ 間取内訳：洋室約4.7畳、4.0畳／和室6.0畳／LDK約10.7畳 総戸数：22戸
土地	土地権利：所有権 敷地権割合：107422分5655 用途地域：準工業地域
築年月	平成5年3月
管理	分譲会社：株式会社すばるリアルエステート 施工会社：すばる建設事務所 管理会社：すばるオール管理㈱ 管理形態：全部委託・日勤 管理費：16,400円／月 修繕積立金：6,300円／月 その他：駐車場使用料 10,000円／月
設備	駐車場：空きなし 給湯：ガス湯沸器 ガス：都市ガス エレベータ：1基あり その他：公営水道、公営下水
引渡	現況：空家 引渡時期：即時
備考	有線放送料：1,100円／月 ※居住にはリフォーム必須

国土交通大臣免許　2　第●●●号　〒000-0000　東京都豊島区東池袋○○　●●ビル

すばる不動産流通㈱

TEL：000-123-4567　TEL：000-123-4568

取引態様：媒介
手 数 料：分かれ
担　　当：すばる太郎

このデータから、現状の売出価格の680万円で購入したとしても、大幅に下がってしまう恐れはほとんどないことがわかります。

しかし、家賃収入もしっかり確保できる高利回り物件にするには、ここからさらに価格交渉を行いたいところです。

結局、100万円の値引き交渉に成功し、580万円で購入できました。これに58万円の諸費用と、100万円のリフォーム費用が別途かかり、総額730万円で完成しました。

その後、入居者を募集したところ月額8万5000円で入居者が決定したため、年額102万円の家賃収入となり、表面利回り14％の高利回り物件となりました。

その状態で4年間保有してから、入居者が退去して空室になったのをきっかけに2013年に売りに出したところ、890万円で売却することに成功したのです。

単純計算で、年間家賃収入約100万円×4年＝400万円の累計家賃収入と、売却価格890万円―総取得価格730万円＝160万円の売却益で、合計560万円の利益です。

実際にはここから税金や経費が差し引かれますので、手取り額は多少減少しますが、それを考えても少なくない利益を確保できた成功事例です。

この事例でも、先ほど紹介した埼玉県川口市のSマンションとほぼ同じ手法を利用していますが、今度の事例のほうが大きな利益を出すことができたのには、いくつか要因があります。それは、主に次の3点です。

その1．過去の売出価格の履歴と比較しても、大幅な安値での購入に成功した

その2．マンションの管理状態がよく、築年も比較的新しかったために買い手が見つかりやすかった

その3．オーナーチェンジ物件として売却せず、空室になってから売却した

その3．について引っかかる方が多いと思いますが、これは、この物件が56平米と比較的広いファミリー向け物件であったため、登記簿上の床面積が40平米以上の物件には住宅ローンが使えるというメリットを活用したものです。

こうした**住宅ローン利用可能なファミリー向け物件では、オーナーチェンジ物件よりむしろ空室状態にしてから売り出したほうが、高値での売却が可能なことが多い**のです。

◆後期（築32年以降）のRC造物件の場合

後期のRC造物件に関しては、次第に法定耐用年数の47年に近づいてくるため、慎重さが必要になります。

まず、**購入前にその地域で他の同様の物件が、きちんと値を保っているかを調べてみましょう。**築40年、築45年といった〝寿命〟切れ間際の物件であっても、それなりの値段で売り出されているかを確かめるのです。

たとえば私の地元である千葉県市川市の行徳というエリアでは、東京湾岸の埋め立て地が造成されて最初に建てられたRC造のマンション群は、ちょうど築40年程度経っています。

しかし、そういうマンションでもなかなか値崩れせず、1000万円を割る物件は少ないのが実情です。

ということは、自分が築35年のRC造マンションを買ったとしても、たとえば10年後の段階なら1000万円を割る可能性は低いだろう、と見込むことが可能です。

逆に近隣の築古物件の価格が大きく値下がりしているようであれば、あなたが考えている後期の物件も、同じように値下がりしていく可能性が高いと言えます。

また、特に築年数の古いマンション物件では、大規模修繕が定期的に行われて、建物の状態が適正に保たれているか、また、これからも同様に修繕が行われる予定があるかが、物件の売却価格に大きな影響を与えます。

よって、**修繕積立金の積立総額や、今後の修繕計画についても購入前に調べておくことが必須**となります。

いずれにせよ、後期のマンション物件では大規模修繕や最終的な建て替えなどが視野に入ってきますから、どこでその物件と手を切るのか、あるいは、最後の建て替えまで付き合って建て替えられた新しい物件の取得を狙うのかといった、より慎重な出口戦略の構築が求められるでしょう。

なお、数は少ないのですが、マンション以外の後期ＲＣ造物件、たとえば戸建てのＲＣ造物件などでは、むしろ法定耐用年数が経過したら入居者の退去を促し、**更地にして土地として売却することを出口と考えたほうが現実的**でしょう。

ただこの場合、ＲＣ造物件の場合は解体費がかなり高く付くため、利益額は更地価格よりもさらに下回るという点には要注意です。

◆RC造物件の出口戦略パターン

▶初期（新築〜築16年程度）

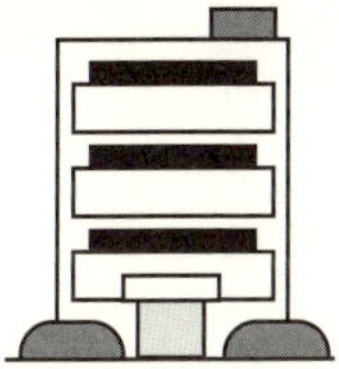

【注意点】

新築〜築16年程度までは「新築プレミアム」が価格に含まれ、値下がりが急

↓

特段の理由がなければ購入を避ける

↓

値上がり狙い or 自宅用の場合は例外

▶中期（築16年〜32年程度）

【メリット】

・値下がりが比較的緩やか
・汚れや痛みが出てくるので、価格交渉がしやすい

↓

価格交渉＋格安リフォームで高利回り物件に！

↓

出口での売却益も出しやすい

▶後期（築32年以降）

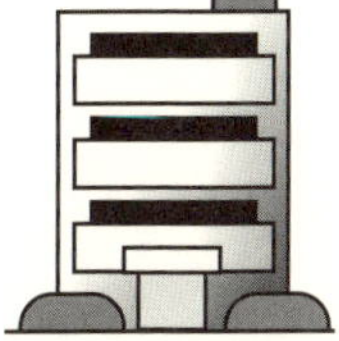

【購入前によく調べておく】

・近隣の築古物件の取引状況
・修繕積立金の積立総額
・今後の修繕計画

↓

大規模修繕や最終的な建て替えなどを視野に入れたうえで購入を検討。いつ売るのか？　建て替えまで付き合うのか？　慎重に判断する

木造の物件に適した出口戦略とは

次に、木造物件の場合の出口戦略を考えてみましょう。

木造物件は、種類としては一棟ものアパートや戸建てとなりますが、どちらの場合でも法定耐用年数は22年です。

RC造物件や大半の鉄骨造物件と比べると〝寿命〟が短いため、**節税効果を享受してキャッシュフローを増やせるよう、新築、あるいは築浅の時点で購入するのが基本**です。

そして、**減価償却費の計上が不可能になり、節税効果がなくなってキャッシュフローが減ってしまう〝寿命〟がくる前後に、物件を売却をして資金を回収。次の物件へと移る**というのが定番の出口戦略でしょう。私も、この出口戦略については大きな異存はありません。

ただし、この出口戦略には気を付けないといけない点があります。

それは、ほかの不動産投資家も同じことを考えるということです。

不動産情報の検索サイトなどで木造の中古物件を検索してみるとすぐにわかりますが、法定耐用年数となる築22年前後の木造アパートが大量に掲載されています。

また、すでに説明したように、投資目的の場合には法定耐用年数が切れていたり、寿命が間近に迫っている物件に融資をしてくれる金融機関は少ない、というポイントも忘れてはいけません。買い手がローンを利用しづらく競合物件の数が多いということで、**売ろうと思っても思うように売れない危険性がそれなりにある**のです。


これへの対策としては、まずは買い手が付かなくてもすぐに困ることはないと割り切り、入居者からの家賃を得ながら気長に買い手を待つ、という方法が無難な策でしょう。ヘタに売り急いで価格を下げてしまうと、大きな売却損が発生して、それまでのインカムゲインの蓄積まで吹き飛びかねません。

ただ、これはそれほど前向きな出口戦略とは言えません。もう少し能動的な対策としては、不動産価格の変動による利益を積極的に狙っていく方法も考えられます。

基本パターンに沿って、木造物件を新築～築浅の段階で購入するとすれば、投資家はその物件を22年前後もの長期間保有することになります。

であれば、確率的にそのあいだに一度や二度はちょっとした不動産バブルがくるはずです。

日本で言えば、1980年代後半〜1990年代前半にかけて巨大なバブルがありましたし、2006年〜2007年にかけても都市部でミニバブルが発生しました。現在の脱デフレへの状況も、あとから振り返ってみればちょっとしたバブルのさきがけかもしれません。

物件を購入したあとも周辺の不動産価格をしっかりとフォローし続け、不動産価格が高くなるタイミングがあれば、耐用年数にはこだわらずに思い切って売却。いったん現金に戻して次の物件に移る、という出口戦略です。

木造物件の場合は、こうしたパターンの出口戦略を念頭に置くのが基本でしょう。

応用パターンとしては、逆にこうした〝寿命〟が尽きた築古の木造物件に、あえて投資していく戦略もあります。

法定耐用年数がすでに過ぎた物件を購入した場合でも、税法上、新たに物件を購入した投資家はある程度の期間は減価償却費の計上を認められます。ここでは詳しい計算式は省略しますが、木造であれば通常は4年間が認められます。

そこで、**4年間運用し、4年経ったら売り出す**という形が、築古の木造物件を投資目的で購入する場合の定番パターンとなります。

ただしこの場合には、出口の時点で建物はすでに償却切れしておりあまり価値がないため、売却時に見込める価格は、底地の更地価格とほぼ同等になることに注意しましょう。

現在のように不動産への投資が注目されている時期であれば、更地よりも古いアパートが建っているほうが買い手に喜ばれるため、更地価格＋《プラス》α《アルファ》程度の値段を期待することもできますが、逆にあまり不動産投資の人気がない時期には、更地化するための費用がかかるか、その分を値下げ交渉をされる場合もあります。

出口での次の買い手としては、古い建物を壊して新たに住宅を建てたいという人が想定できますし、4年の償却期間は何度でも認められるため、さらに別の投資家が買いに入ることも想定できます（当然ながら建物はだんだん古くなっていくので、どこかで限度がきますが……）。

鉄骨造の物件に適した出口戦略とは

鉄骨造の物件は、ＲＣ造と木造の中間に位置づけられる物件です。

鉄骨造は、さらに重量鉄骨造、中量鉄骨造、軽量鉄骨造に分けられ、それぞれ法定耐用年数は34年、27年、19年です（96ページ参照）。

木造物件よりもさらに耐用年数が短い軽量鉄骨造の物件については、ほぼ木造と同様のスタンスで臨むのがいいでしょう。

それ以外の重量鉄骨造、中量鉄骨造の物件については、そこそこ長期間の法定耐用年数があるため、短期所有にこだわる必要はありません。しかし、かといってＲＣ造の物件ほど長い〝寿命〟があるわけでもありませんから、たとえば**新築で購入した場合には、ある程度〝寿命〟が残っている築20年程度までの期間に早めに売却を考えたほうが出口に成功しやすい**、つまり売却益を出せる可能性が高いでしょう。

一方で、法定耐用年数が短くなった**中古の物件を購入した場合には、ある程度の期間、家賃収入を得たあとで更地にして売却、あるいは更地にする費用を値下げしたうえでの現状のままでの売却**を、出口として描いておくといいでしょう。

これは、鉄骨造物件はＲＣ造物件に比べれば取り壊しが容易なためで、売却時の物件価格が底地の更地価格で下げ止まる傾向があるためです。

一棟ものと区分所有、出口戦略の違い

不動産は、構造だけではなく所有の形式によっても分類できます。

不動産投資で一般的なのは、分譲マンションに代表される「**区分所有**」、つまり、建物のなかの一部分だけを所有する形式と、アパートやマンションを丸ごと所有する形式です。後者のタイプの物件は、一般に「**一棟もの**」と呼びます。

こうした所有形式の違いによっても、想定すべき出口戦略は変わってきます。

まず、建物全体を所有する「一棟もの」の場合はどうでしょうか？

こうした物件を売りに出した場合、自分や家族が住むためにアパートやマンションを丸ごと購入する人はいませんから、**次の買い手も常にあなたと同様の投資家**となります。

ですから物件が売れるかどうかは、投資目的での融資が付くかどうか、あるいは、利回りなどの投資指標が適切かどうかにかかってきます。

相手もプロですから、利回りに関しては地域の相場となるキャップレートよりも高いか低いかが厳密に問われることになりますし、築年数に関しても古くなればなるほど売却しづらくなります。

購入や売却に関してよりシビアな判断がなされるのですから、売り手としても、どんな価格なら売れるのか、家賃金額や物件の状態などによく注意し、「自分が買い手だったら、この条件でほしいと思うか」という視点から、売却に臨む必要が出てきます。

逆に「区分所有」物件の場合、**売却の際の買い手として投資家だけではなく、実際にそこに住むために購入する「実需」の買い手が想定できます。**特にファミリータイプの40平米以上ある物件では、住宅ローンを利用できるためにこうした実需の買い手が多くなるでしょう。彼らは消費者としてはプロですが、不動産投資家としては素人です。常に物件の情報に接している私たち不動産投資家と違い、物件の選択眼に甘いところがあります。よって、多少利回りが悪かったり、築年数が古かったりしても購入を決めてくれるケースが結構あるため、売れやすく、出口戦略が立てやすい側面があると言えるでしょう。

しかも、一棟もの物件に比べると区分所有のほうが値段も手ごろであるため、投資目的での買い手にしても比較的初心者が多いという特徴があります。

区分所有物件では、こうした人たちを相手に高値で売り抜けることを目指すのも、出口戦略のひとつのあり方ではないかと私は思っています。

ちなみに、物件の所有形式にはほかに「**戸建て**」がありますが、投資目的で戸建て物件を購入するケースはそれほど多くないため、ここでは説明を省略します。

ひとつだけ特徴を挙げておくと、戸建て物件では実需の買い手のほうが圧倒的に多く、投資目的の際には入口でも出口でも競争相手が少ない、ということは言えるでしょう。

ひと言コラム 10

「バカ・アービトラージ」を利用する

経営コンサルタントの渡辺千賀さんによると、投資での利益の出し方は、次の3つに大別できるそうです（主に著書の『ヒューマン2・0』〈朝日新聞出版〉を参照しました）。

1. 時間のアービトラージ

安く買って保管し、値上がりを待ってから売却する方法です。「アービトラージ」は、「サヤ取り」「裁定取引」という意味の言葉です。

たとえば、春に行われる冬物の売れ残り処分セールで、冬物の洋服を安く買っておき、次の秋まで待って売却するといったケースが考えられるでしょう。

2. 空間のアービトラージ

アメリカで安く売っているものを仕入れ、日本に持ってきて売ったり、その逆をする手法です。実際、日本で安く売っているアニメ商品などでも、海外に持って行くと高く売れるようなケースが結構あるそうです。

3. バカ・アービトラージ

この3つめがユニークな表現なのですが、「バカな人」つまりはファイナンシャルリテラシーが低い人が、価値もわからずに安く売り出したものを購入し、それを適正価格で売却して利益を得る。あるいは逆に、ものの価値がわからない人に、安く買ったもののを高く売り付けることで利益を得る手法です。

前のふたつのサヤ取り法に比べ、長く待ったり、大きく移動したりする必要がないため、投資家にとっての旨味が大きいのが特長です。

この最後の「バカ・アービトラージ」は、買い手には大変申し訳ないのですが、不動産投資においても大いに活用できます。

物件を買うときには、常に自分よりも投資の経験や知識が浅い人から購入するようにし、逆に売るときには、そういう人たちを相手に物件を売るようにすると、より大きな利益を得やすくなるというわけです。

そう考えると、一棟ものの物件は個人・法人を問わず投資家しか買い手がいないプロ向けの市場であるのに比べ、区分所有の物件では、買い手に投資初心者や実需の投資素人が多くおり、バカ・アービトラージを実現しやすい環境にあります。

より高値での売却を実現しやすい、実需層や投資初心者が購入しやすい区分所有の物件を狙っていくと、高値での売却とサヤ取りに成功しやすいということが言えるのではないでしょうか？

間取りによっても望ましい出口戦略は変わってくる

そうしたバカ・アービトラージが狙える区分所有の物件は、通常、マンション物件です。

それらは1R、1K、1DK、2K、2DK、3K、3LDK……などなど、間取りによってさまざまな種類に分けられますが、大別すると、1Rや1Kなどの**ワンルームタイプ**と、それ以外の**ファミリータイプ**のふたつに分けられます。

こうした間取りのタイプによっても、出口戦略は大きく変わってきます。

◆ワンルームタイプは立地がすべて

ワンルームタイプの物件は、買い手のほとんどが投資家です。

都市部などでは、自分が住むためにワンルームを購入する人もそれなりにいますが、そうしたケースでも結婚などを機に将来は人に貸し出すことを想定していたりするため、潜在的な投資家層であると言えます。

そのため、出口、つまり売却を考える際には、**極力家賃を高めに付けて、表面利回りを高**

くすることが買い手を早期に見つける何よりのポイントとなります。

たとえば、売却を考える時期が近づいてきたら、入居者が換わる際に、敷金や礼金をゼロにしてでも家賃を高めにしたほうが、結果として大きな利益を手にできるでしょう。

ただ、**ワンルームタイプの区分所有物件は供給量が多く、利回り以外では立地くらいでしか差別化できない**という欠点があります。

そもそもその利回りも、ワンルームタイプでは立地に左右される部分が非常に大きいため、投資自体の成否がほとんど立地の善し悪しによって決まってしまう、と言っても過言ではありません。

ということは、出口がうまくいくかどうかも、入口となる購入の時点でほとんど勝負が決まってしまうということですから、駅から遠い不便な立地の物件などは買わないようにすることが大変に重要になります。

ワンルームタイプの物件では、入口がうまくいけば出口戦略の成功もほとんど保証される、という性質があることを理解しておきましょう。

◆ファミリータイプは出口戦略に成功しやすい

対するファミリータイプの物件では、前述したように住宅ローンを使って自宅用に購入する実需層の買いを想定できるため、比較的、出口戦略を容易に立てることができます。

空室で、かつ登記簿上の床面積が40平米以上という住宅ローン利用の条件さえクリアしていれば、買い手がすぐに現れる傾向があるからです。

買い手が素人ですから、価格についても厳しい値引き交渉を迫られるケースが少ない傾向があります。つまり、言い値で売れる可能性が比較的高い、ということです。

一方で、たとえ40平米以上ある物件でも、入居者がまだ住んでいるオーナーチェンジ物件には住宅ローンが使えないため、途端に売りづらくなります（もちろん、登記簿上の床面積が40平米以下の物件は避けましょう）。

しかし実は、こうした入居者がまだ住んでいるファミリータイプのオーナーチェンジ物件は、物件を安く購入しようとしている段階では、逆に投資家にとっての大きなチャンスになることもあります。

即ち、ファミリータイプのオーナーチェンジ物件はそのままでは実需層に売れないため、投資家しか買い手にならないのですが、通常、資金力のない投資家はワンルームタイプを主な投資対象としますし、資金力のある投資家は手間のかかる区分所有よりも投資効率のよい一棟ものに目を向けがちです。

投資家の物色行動にこうした偏りがあるため、結果として**ファミリータイプのオーナーチェンジ物件が安値で放置されやすい現状がある**のです。

そこで、このような物件を物件情報検索サイトなどで探し出し、価格交渉で値切って高利回りにしたうえで購入して運用。そして、入居者が退去して空室になった時点で、リフォームを施して実需層向けに売り出す、という投資&出口戦略が立てられるのです。

実際にスター・マイカという企業は、ここで述べたような価格ギャップに注目したビジネスモデルを構築し、それによって上場まで果たしています。個人の投資家にはまだあまり注目されていませんが、多くの実績がある手法と言えるでしょう。

ひと言コラム 11 区分ファミリータイプ物件への実際の投資事例

実は私も、同様の投資手法を行ったことがあります。そのときの事例について紹介しておきましょう。

それは、千葉県市川市にあるファミリータイプのマンションで、旧リクルートコスモス社が分譲した物件でした。広さは70平米です。

駅からは徒歩15分以上かかるという立地にもかかわらず、東京カンテイのデータからわかる過去の売出価格の履歴は1500万円～1800万円といったところで、それほど値崩れしていない物件と言えました。

そのマンションで、ふたつの部屋が同時に売りに出されていたのです。

ひとつは空室で、1580万円。もうひとつはオーナーチェンジ物件で、1380万円。間取りなどはほぼ同等でした（左のマイソクを参照）。

マンション	価格(税込)	交通	名称
	1380万円	JR 総武線「本八幡駅」徒歩 19 分	C・I マンション (4 階)

図面

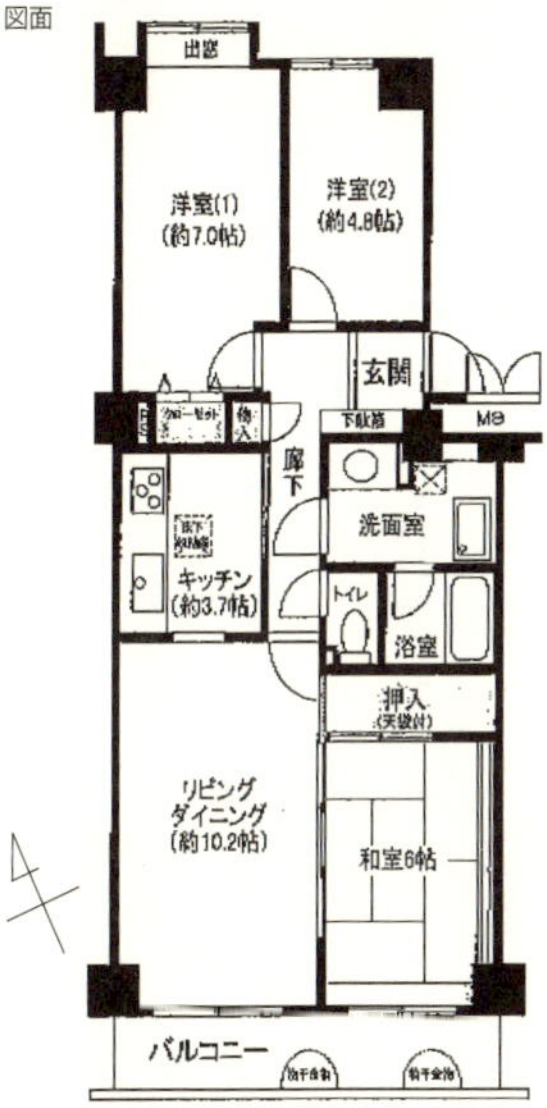

オーナーチェンジ
中古マンション!!

所在	(住居表示) 市川市●●5 丁目●●
土地	所有権 用途地域：商業地域
建	専有部分：壁芯 71.55 ㎡（21.62 坪） バルコニー：6.49 ㎡（2.08 坪） ルーフバルコニー：なし 間取り：3LDK 1 戸の総戸数：46 戸 構造：鉄骨鉄筋コンクリート、8 階建て 建築：63 年 8 月
物	分譲会社：㈱リクルートコスモス 施工会社：すばる建設株式会社 管理会社：㈱コスモスライフ 管理形態：全部委託 管理員：日勤 管理費：月額 11,200 円 修繕積立金：月額 14,460 円 その他： 合計：月額 25,660 円
施設	施設内駐車場：空きなし トランクルーム：なし 給湯：ガス湯沸器 ガス：都市ガス エレベータ：あり
引渡	現況：賃貸中 即可
備考	月額賃料 125,000 円（管理費等含む） 利回りは（年間賃料・共益費 ÷ 購入価格）の単純利回りで、 登記費用・固定資産税等の必要経費は考慮していません。 また、年間賃料・共益費総額はあくまで予想値であり、 将来に渡り確実に得られることを保証するものではありません。

現在賃貸中

月額賃料 12万5000円
表面利回り 約10.8%

資産運用に
ご検討ください！

株式会社 **すばる不動産販売** 西船橋店　TEL：000-123-4567	埼玉県知事 (●) 第●●●号 (社)○○○○○ 協会会員 (社)○○○○ 協会 株式会社すばる 不動産販売グループ	登録No.	CCC0A0000		
		検　印	担当者	レインズNo.	取引態様 媒介

つまり、入居状態の違いだけで、オーナーチェンジ物件のほうが200万円安かったのです。

1580万円のほうはすぐに売れて、1380万円のほうだけ売れ残りました。

私は、その売れ残りに対して価格交渉を行い、「1000万円ジャストであれば購入する」と購入申込みを行いました。

オーナーチェンジ物件の賃料は年間150万円だったため、この交渉に成功すれば表面利回り15%の高利回り物件になります。ある程度田舎に行けば表面15%の利回りは見つかりますが、千葉県市川市という都市部で、しかもファミリータイプで15%という利回りは魅力的です。

結局、価格交渉に成功し、無事に物件を購入できました。

さて、次はいつ空室になるかです。

同時に売り出されていた物件の価格から考えて、空室になれば1500万円前後で売却できる可能性が高いと思われました。1000万円で購入して、1500万円で売却。素晴らしい出口戦略です。しかし、家賃の滞納もせずに平穏無事に入居されている方を追い出すわけにはいきません。

実は、この物件に入居していたのはかなり高齢のご夫婦で、年金生活をされているようでした。若い現役世代であれば、家族構成が変化したり転勤したりで引っ越しの可能性がそれなりにありますが、ご高齢の入居者の場合は「終《つい》の住み家」という気持ちで住んでいるケースが多く、引っ越しの可能性は低くなります。


そんなこんなで、保有から5年経ったところで待ち切れず、オーナーチェンジ物件としてそのまま売りに出してしまいました。

１３５０万円で売却できましたから、５年分の家賃収入７５０万円＋３５０万円の売却益で、合計１１００万円の利益。決して悪くない数字です（厳密には、ここから手数料や税金を引く必要があります）。

しかし、「もしかして、あと何年か待っていれば１５００万円で売れたのでは……」と、いまでもつい考えてしまいます。

ちなみに、次に買った方も同様の戦略を描くプロの不動産会社の方でした。結局、考えることはみな同じ、ということですね。

出口戦略に必要な計算式

ここまで物件のタイプ別にさまざまな出口戦略を紹介してきましたが、こうした出口戦略を実際に立てるには、数字を計算する際の考え方について、次のふたつのパターンがあることを最低限把握していないといけません。

- **「利益ベース」あるいは「帳簿ベース」の計算式**
- **「キャッシュフローベース」の計算式**

そこで本章の最後に、これらについて簡単に解説しておきます。

◆売買価格で判断する「利益ベース（帳簿ベース）」の考え方

1000万円で購入した物件を900万円で売却したと仮定しましょう。

この場合、100万円の損失と考えられます。

購入価格1000万円―売却価格900万円＝売却損100万円

何の変哲もない計算式ですが、これが「利益ベース」あるいは「帳簿ベース」の考え方です（実際には、ここに手数料や税金、減価償却費などかかってきますが、ここでは話をわかりやすくするため、あえて割愛してシンプルにしています）。

◆手出し・手取りの現金に注目する「キャッシュフローベース」の計算式

今度は、1000万円の物件を購入する際に、自己資金は100万円しか出さず、残り900万円についてはローンを組んで購入したと仮定しましょう。

計算をシンプルにするために金利はゼロ、元本も当面は返済しなくてよいという破格の条件で融資を受けたと仮定します（もちろん、こんな条件は実際にはありえません）。つまり、900万円借りっぱなしです。

そして、この物件を900万円で売却することになったとします。さすがに物件を手放す際にはローン残債の900万円を返済する必要がありますから、売却代金の900万円で返済したと仮定します。

これで借金はチャラになりますが、最初に100万円の自己資金を出した分、手持ちの現金は減っていますから、結局、100万円の損失となりました。

これが、キャッシュフローベースの考え方です。

キャッシュフローベースの考え方を計算式にするのはちょっと難しいのですが、とにかく自己資金が増えたのか減ったのかに注目して、損得を考える方式と言えるでしょう。

出口戦略を考える場合には、このふたつのどちらで考えるのか、はっきりさせる必要があります。

一般的に、**物件購入前のざっくりとした試算では「利益ベース」で計算し、実際に物件を購入する段階になったら「キャッシュフローベース」の考え方に切り替えたほうが、実務的にイメージしやすくなります。**

特にローンを利用する場合は、「キャッシュフローベース」で出口までの手元のお金の増減を、きちんと予想しておく必要があるでしょう。

あとは、好みによって使い分けていけば、それで結構です。

ひと言コラム 12

もっと正確に計算したい場合には？

実際の不動産の売買では、手数料や税金、減価償却費などの細かい費用がかかってくるため、単純に1000万円で買って900万円で売ったら100万円の損、とは言い切れません。

◆購入価格の算定

仮に1000万円の物件を購入するとしましょう。この場合、購入に際して仲介手数料、不動産取得税、登録免許税、司法書士手数料といった費用がかかります。

これらの諸費用の目安は、物件価格に対して1割程度。つまり、1000万円の物件であれば約100万円の諸費用がかかり、合計1100万円が購入総額となります。

売買の損益を正確に計算したい場合には、この時点で取得価格は1000万円ではなく1100万円である、と考えなければなりません（現実には、諸費用は正確に物件価格の1割になるわけではありませんが、ここでは計算しやすいように1100万円ちょうどとします）。

◆売却価格の算定

売却価格に関しても同様で、物件価格900万円で売却したとすれば、まずは売却時の仲介手数料がかかります。仲介手数料は、物件価格の3％＋6万円が上限と宅建業法で決められており、そこに消費税が別途かかりますので、次のような計算となります。

900万円－（900万円×3％＋6万円）×1・08（消費税8％の場合）＝864万円

冒頭の仮定であれば、実際には1100万円で買って、864万円で売却したことになるわけです。

◆売買損益の計算

以上を踏まえると、実際の売買損益の算出式は次のようになります。

購入価格１１００万円－売却価格８６４万円＝売却損２３６万円

この式を見ると、売却損が出ており利益が出ていないので、当然、税金（譲渡益課税）もかからないだろうと考えてしまいがちですが、実際にはさらに別の計算をしないと、課税があるかないかはわかりません。

不動産などの資産には、「**減価償却費**」という考え方があります。

不動産についてのみ言えば、これは建物が毎年老朽化し、次第に使えなくなって目減りしていく分を少しずつ経費化していく、という考え方です。

たとえば木造の物件であれば、法定耐用年数の22年間で帳簿上の価値がゼロになりますので、建物価格を22年で割った数字を毎年経費化していけるのです。

先ほどの想定をそのまま使い、１０００万円の購入価格のうち５００万円が土地分、５００万円が建物分と仮定しましょう。この場合、取得時の諸費用１００万円も同じ比率で按分《あんぶん》します。即ち、５５０万円が土地、５５０万円が建物の取得に要した費用と考えることになります。

土地は何年経とうと使えなくなることはありませんので、減価償却はできません。このうちの550万円で購入した建物だけが、減価償却の対象となります。

物件は木造の新築物件だったと仮定しましょう。

すると、法定耐用年数の22年間で次第に目減りさせていくことになりますから、1年当たりの減価償却費は次のとおりです。

建物550万円÷法定耐用年数22年＝年間の減価償却費25万円

毎年、25万円ずつ経費化でき、その分だけ建物の価値は減少していくことになります。

先ほどの例では、正確には購入時に1100万円で、売却時に864万円だという話をしましたが、それが購入してから20年後のことだったらどうでしょうか？

購入時には1100万円だった不動産が、建物部分について「年間の減価償却費25万円×20年間＝500万円」分の価値が減っていることになるため、売却時には、

1100万円－500万円＝600万円の価値しか残っていないことになるわけです（この価値を、難しい言葉で言えば「簿価《ぼか》」と言います。要するに帳簿上の価値のことです）。

ということは、600万円の価値しかないものを864万円で売ったことになるわけですから、次のような計算式となり、264万円の利益が出ます。結局、売却益への課税が発生します。


売却価格864万円－簿価600万円＝売却益264万円

ということで、投資家本人の視点から単純に見ると、「買ったときの1100万円から値下がりしたから」と損をしたつもりになっていたとしても、税金の計算上は利益が出たとされ、課税されることになるのです。

不動産の場合は、同じ価格で売却したとしても、売却するまでの保有年数によって税金がかかる・かからないが変わってくるというわけです（ただし、これは長期保有が不利、ということを言っているのではありません。長く持つほど減価償却費を多く計上できるため、所得税の部分で節税メリットを発揮しています。そのため、たとえ売却時に課税されたとしても、一方的に損をするわけではありません)。

出口戦略を立てるために厳密な損益を計算するには、物件の購入時にこうした細かい計算をする必要があるわけですが、物件の検討をするたびにこれらの計算を自分で行っていたのでは、いくらなんでも手間がかかりすぎでしょう。

そこで便利なのが、私が講師として在籍しているファイナンシャルアカデミーが、会員向けに提供している「マネログ」というサイトです(本書執筆時点では、会員登録は無料です)。

▼マネログ　http://moneylog.jp/

このサイトでは、いくつかの数値を入力するだけで、このコラムで紹介したような面倒な不動産投資の収支シミュレーションを簡単に行えます。読者のみなさんも、ぜひ利用してみてください。

第5章

出口戦略を立てやすい物件の探し方&具体的な売却方法

第5章では、出口戦略を立てるのに有利な物件をどのようにして探せばいいのかを紹介し、合わせて、物件を売却する際の基本的なノウハウを確認します。

キャップレートより高利回りな物件は「妥協地域」で探す

出口戦略を確実なものにするには、入口の段階で、その地域のキャップレートよりも高い利回りの物件を入手することが決定的に重要であることはすでに説明しました。

では、そうした物件を探すにはどうすればいいのでしょうか？

基本的には、**あえて人気のある立地を避け、少しだけ不人気な立地にある物件にターゲットを絞る**という手法を取ります。

不動産投資を志す人なら、誰しも有名な好立地の物件を購入したいと思ったことがあるでしょう。たとえば「東京23区内の物件を買え」、「23区のなかでも勝ち組の区にある物件を買え」というようなことがよく言われますし、さまざまな媒体で行われる「住みたい街ランキング」などの上位に入る街、たとえば東京の代官山、青山、吉祥寺、下北沢、恵比寿、自由が丘などに不動産を所有できたら、どんなに素晴らしいだろうと考えるはずです。

しかし、そういう街の不動産は値段がとても高く、通常、表面利回りでも5%～6%程度しか見込むことができません。

また、そういった地域で価格交渉を行い、7%や8%、あるいは9%という利回り水準にまで価格を値切れるかというと、ほかに買い手がいくらでも見つかるため、不動産屋さんも無理に値引きに応じてまで物件を売ろうとしません。

結局、よい立地の物件というのは、自力で安く買うのが難しいのです。景気が悪化し、相場が暴落して誰も不動産を買おうとしないような時期に歯を食いしばって資金繰りをし、ひっそりとコツコツ買い集めていたような人たちしか、安い価格で、つまり高利回りで購入することはできません。

そうした状況ではない普通の経済環境下で、これら人気立地の物件を購入した場合、家賃収入はともかく売却益を得るには、購入時より景気がよくなって周辺のキャップレートが自然に低下するのを待つしかなくなります。つまり、自分ではどうすることもできない、景気頼みの出口戦略となってしまうのです。そうした明らかな好立地物件で大きな売却益を狙えるのはバブルのときだけである、と断定したほうがよいかもしれません。

ですから、そうした好立地の物件は忘れてしまいましょう。むしろ私は、そうした好立地の地域から少しエリアをずらした、「ちょっと地味な地域」を狙うことを大いにお勧めします。入居者の立場からすると、「本当は○○に住みたいけれど、家賃が高いからこの街で妥協するか」といった感覚を抱きやすい地域、**いわば「妥協地域」にこそ、高利回りな物件が隠れているの**です。

例として、私がこれまでに実際に不動産を購入してきた主なエリアを挙げます。

埼玉県……………川越市、川口市
千葉県……………船橋市、松戸市、市川市
神奈川県…………横浜市中区（中華街の近く）、横浜市神奈川区

これらの地域に現に住んでいる方には大変恐縮なのですが、これらの地域は、決して「住みたい街ランキング」には入りません。地方から東京に出てきた人が、「私、子供のころから埼玉県の川口市に住みたかったの！」などと言うことは想像できません。

そうした「**一般的な知名度には欠けるけれども、実際の住み心地や通勤時間などを考慮すると決して悪くはない地域**」で物件を探すことが、出口戦略を確実に成功させるための第一歩です。

もちろん、人気のある立地を避けたからといって、本当に不便極まる地域を選んではいけません。知名度がないためにやや不人気ではあるが、実際に住んでみると便利である、という地域を選ぶのです。具体的には以下の点を考慮しましょう。

✦都心まで電車で乗り換えなし、30分以内にアクセスできる地域を選ぶ

たとえば私の物件購入地として紹介した埼玉県川越市は、川越駅から東武東上線に乗って30分で、都内北西部のハブ駅である池袋駅に出られます。

同じく千葉県の市川市や船橋市からは、市内の複数の駅から、ＪＲ総武線か地下鉄東西線を使って30分で大手町駅や東京駅に出られます。

千葉県の松戸市からも、ＪＲ常磐線を使えば30分で都心まで出られます。

この、**「都心まで所用時間30分・乗り換えなし」**がキーワードです。

さらに言えば、ＪＲや私鉄、地下鉄などの複数の路線が同時に使えるいわゆる**「路線コンボ」**や、複数の駅が最寄りにある**「駅コンボ」**の要素があると、より心強くなります。

例に挙げた埼玉県の川越市などは、次に挙げるように路線コンボと駅コンボの両方があり、理想的な立地のひとつと言えるでしょう（本書は、埼玉県川越市への投資を推奨するものではありません。あくまでも一例として挙げているものとお考えください）。

・東武東上線、西武新宿線、ＪＲ川越線の３路線が使える「路線コンボ」
・川越駅、本川越駅、川越市駅の３駅が使える「駅コンボ」

✦都心まで電車ですぐに行けない地域は敬遠する

逆に、ちょっと不便すぎるので敬遠すべきという立地は、**「都心に出るのに乗り換えが必**

要な地域」になります。

たとえば、ＪＲ武蔵野線沿線にある「市川大野」という駅は、いったん武蔵野線に乗って西船橋駅で乗り換えなければ、都心に出ることができません。このような駅の周辺地域は、たとえ距離的には都心からそれほど離れていなくても、投資物件の出口戦略を考えるうえでは一気に心細くなります。

また、「**各駅停車しか停まらず、乗降客数が少ない駅**」の周辺地域も危険です。

たとえば東武東上線の新河岸駅は、狙うべき地域の例として挙げた川越駅のひとつ隣の駅ですが、各駅停車しか停まらず、１日の乗降客数が２万５０００人しかいません。

乗降客数が何万人以上あればよいのかは地方によっても異なるため、一概には言えないのですが、首都圏であれば１日当たり５万人がひとつの目安でしょう。新河岸駅の２万５０００人という乗降客数は、それを考えると大いに不安です。

あるいは、「**駅から徒歩圏内ではなく、バス便表示となる**」ような地域も避けたほうが無難です。

一般的に、駅から徒歩20分を超えると、マイソクなどの資料にも徒歩表示ではなくて、「バス何分」という形で表示されるようになります。このような物件は買い手が付きづらいので、当然ながら出口戦略も描きづらくなります。

以上の敬遠すべき要素は、ひとつでも該当したら絶対にダメ、というものではありません。しかし、私が本書で提唱してきた「**売りたいときに、より高い価格で、スムーズに売却することが可能な物件を選ぶ**」という出口戦略の基本理念からすると、原則、対象外となるでしょう。

ひと言コラム 13

あなたなら就職先にどこを選ぶ？

このような立地の選び方は、就職活動においても共通する点があるように思います。

毎年、就職活動の人気ランキング上位に入る企業は大企業であり、採用人数も多いのですが、それを上回る数万人の志望者が殺到して激しい競争が繰り広げられます。

そして、やっとのことで入社できたとしても、入社できた優秀な人材のなかでさらに出世競争が繰り広げられるため、課長、部長と役職が上がるにつれて生き残りが非常に厳しくなっていきます。ましてや社長や役員になれる人などは、ほんのひと握りの人材だけでしょう。

一方で、人気ランキングにはかすりもせず、社会的な知名度はゼロで友人や親戚に話しても「何をしている会社？」と不思議がられるものの、業績は絶好調の優良企業があったとしましょう。この会社が、毎年10人程度しか社員を採用していないとします。

すると、そういう会社のほうが入社もしやすいですし、その後も同期の10人のなかで上位に入りやすく、結果として出世も早くなります。最終的には、社長や役員になるようなことも視野に入るのではないでしょうか。

もちろん、仕事選びにおいては出世の可能性だけではなく、向き・不向きや本人がやりたいこと、待遇面などさまざまな条件も考慮する必要があります。ですから単純な比較はできないのですが、**何かを選択する際に、人気と競争率は常に比例する関係にある**のだと考えると、物件選びの際のヒントを汲み取れると思います。

「バカ・アービトラージ方式」で物件を探す

多数ある物件のなかからより高利回りな物件を選び出すには、立地条件で競争率の低い地域を選ぶのと同時に、**売り手についてもある程度条件を限定していくと、経験上、効率がよくなります**。

ポイントは、**不動産の投資について自分よりも無知で、経験が浅いと思われる売り手の物件を探す**ことです。前述した「バカ・アービトラージ」の手法を使う、と言い換えてもいいでしょう。

こうした売り手の場合、相場がわからずに思いがけない安値で物件を売りに出していたり、価格交渉に対しての耐性がないために、少し押しただけでたやすく値引きに応じてくれたりするケースが少なくありません。

そうした売り手の物件をいち早く探し出し、ほかの投資家に取られる前にあなた自身が利益を享受するのです。たとえあなたが買わなくても、遅かれ早かれ誰か別のプロが食指を動かすことになりますから、どうせならあなたが旨味を得たいもの。そこに、良心の呵責《かしゃく》は必要ありません。

✦大手の不動産会社のサイトから探すと有利になる

では、具体的にはどのようにすれば、そうした経験が浅い売り手の物件を探し出せるのでしょうか?

ひとつの方法としては、テレビで盛んにＣＭを流している知名度の高い不動産会社、たとえば「三井のリハウス」、「住友不動産販売」などといった**大手の会社が提供している不動産情報検索サイトで、物件を探す**ことが挙げられるでしょう。

不動産についての詳しい知識がない普通のサラリーマンや家庭の主婦などが、転勤等の事情で自宅を手放そうと考えたとき、真っ先に思い浮かぶのはこれらの会社です（そのためにこそ、彼らは巨額の広告費を投じてテレビにＣＭを打っているのです）。

ですから、そのような会社には自ずと経験の浅い売り手が集まります。当然、それらの会社が直に提供している物件検索サイトにも、そうした売り手の物件が集まりやすいという理屈です。

さらに、こうした大手仲介会社のサイトを利用することには、別のメリットもあります。不動産業界には、特有の「片手取引」「両手取引」といった仕組みがあるのですが、これが大手会社のサイトでより高利回りの物件を私たちが探す際に、よい影響を与えるのです。

仲介会社が不動産の売買を成約させると、売買価格の3％＋6万円に消費税を加えた額を上限に、売主、買主それぞれから仲介会社が手数料を貰い受けます。

このとき、売り手側に仲介会社（これを「元付《もとづけ》」と言います）が1社いて、買い手側にも仲介会社（これを「客付《きゃくづけ》」と言います）が1社いた場合、売主、買主それぞれが支払う手数料は、元付と客付の会社それぞれに支払われます。

手数料収入が片方ずつに別れるために、これを「**片手取引**」と呼ぶわけです。

これに対して、元付の1社のみで売主と買主をマッチングさせて取引を成立させた場合には、元付の会社は1社で売主と買主の両方から手数料を得られます。

そのため、「片手取引」と対比させて、これを「**両手取引**」と呼びます。

◆片手取引と両手取引の違い

▶片手取引の場合

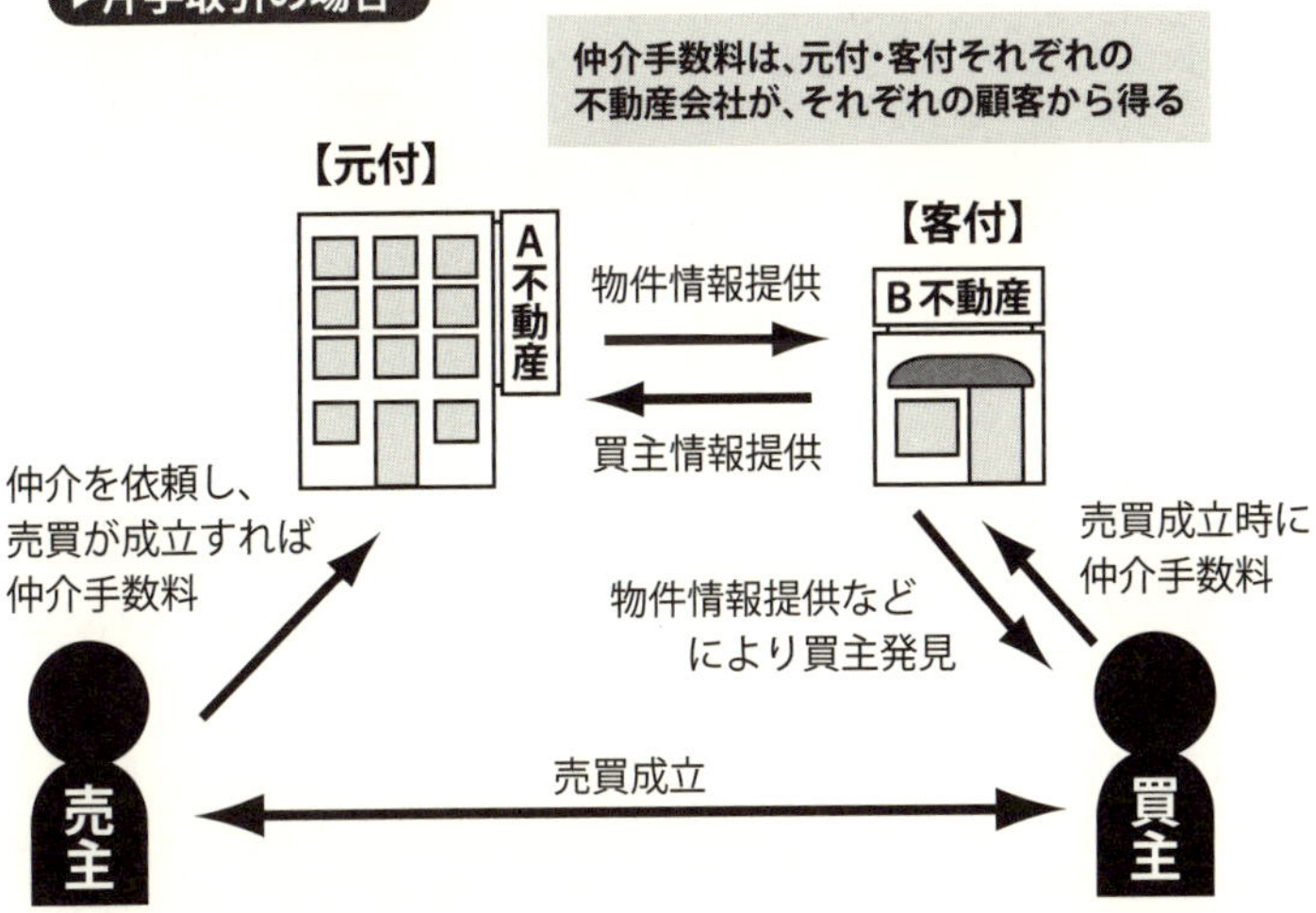

▶両手取引の場合

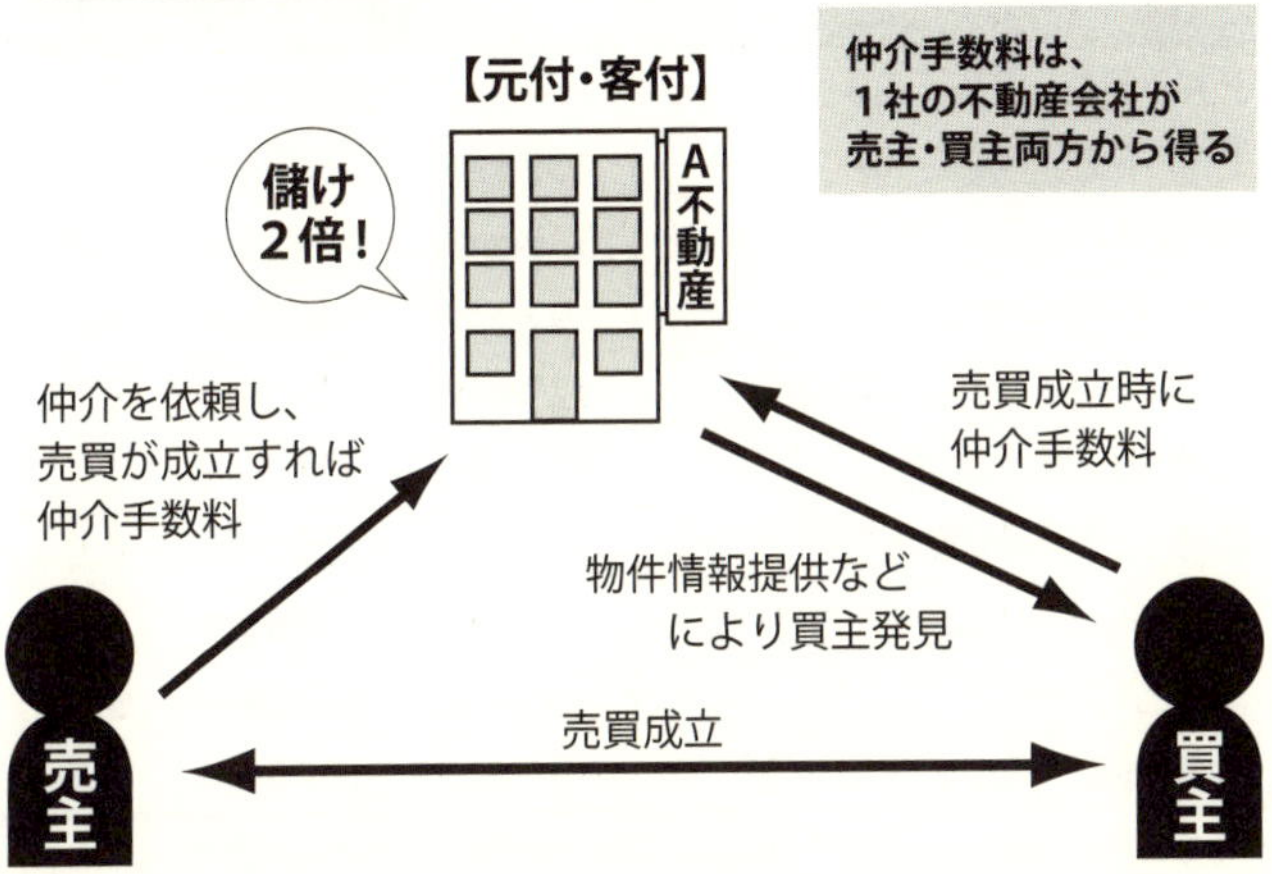

当然、両手取引のほうがひとつの契約で受け取れる手数料が2倍になるため、不動産仲介会社は可能な限り、自分の手元で買い手と売り手をマッチングさせ、手数料収入を最大化しようとします。

そして、この傾向は大手の不動産会社であるほど強いのです（下図表も参照）。

これは、大手であればあるほど知名度が高く、自社で売り手・買い手の両方を集客できるために、客数が多くなって確率的にマッチングが容易になる、という事情もあるのでしょう。

さて、これがどう私たち投資家に関わってくるのかというと、**大手の不動産会社で探した物件であれば、価格交渉を行う際、**あいだに入っ

◆主要不動産流通各社の2012年度の売買仲介手数料

	手数料収入	取扱高	手数料率
三井不動産リアルティネットワーク	662億円	1兆2682億円	5.2%
住友不動産販売	468億円	8589億円	5.5%
東急リバブル	338億円	7332億円	4.6%
野村不動産グループ	192億円	5407億円	3.6%
三井住友トラスト不動産	123億円	3490億円	3.5%
三菱UFJ不動産販売	123億円	3454億円	3.5%
みずほ信不動産販売	95億円	2391億円	4.0%
三菱地所リアルエステートサービス	77億円	3076億円	2.5%
大京グループ	66億円	1877億円	3.5%
大成有楽不動産グループ	54億円	1246億円	4.3%

出所：日経BP社「日経ビジネス」2013年10月28日号／手数料収入と取扱高は住宅新報調べ

てくれる仲介会社の担当者が、交渉に対して協力的で陰からサポートしてくれる可能性が高いということです。

もちろん、物件の最終的な価格決定権は売り手側にありますから、仲介会社の一存で取引がまとまるわけではありません。しかし、あいだに入って交渉を代行してくれる仲介会社の担当者が協力的であるということは、思いどおりの値引き交渉を成功させるうえで、とても大きな助けになるのです。

なぜ、仲介会社の担当者が協力的になるのかというと、前述したように大手の仲介会社であればあるほど、自社の手元で取引を成立させたいと考えているからです。

極端な話、仲介会社にとっては、たとえ物件の売出価格が半値に値切られて成約したとしても、両手取引にできるのであれば手数料が2倍になるため、最低限、片手取引1件と同等の手数料収入が確保できます。

自社が損をするわけではないため、売り手に多少の値引きを承諾させてでも取引を成立させたい、という強い希望を持っているケースが多いのです。

結果、**ただでさえ知識や経験が浅い売り手が、そうした担当者の姿勢に影響されて値引きを承諾し、高い利回りとなる価格で物件を購入できる可能性が高くなる、**というわけです。

ファミリータイプのオーナーチェンジ物件を探す

これはすでに前述した内容と重なりますが、ＲＣ造マンションの区分所有で、ファミリータイプのオーナーチェンジ物件は、購入してしばらくは家賃収入で運用し、入居者が退去して空室になった時点で高値で売却する、という出口戦略を描きやすい〝狙い目物件〟です。ここでは繰り返しませんが（97ページ、１２４ページ、１４０ページ参照）、住宅ローンの利用条件などからそのようになるのですが、その理由はすでに解説したのでここでは繰り返しません（97ページ、１２４ページ、１４０ページ参照）。

高利回りの物件を探す際には、すでに解説した立地や売り手の絞り込みに加えて、こうした物件を中心に探すようにすることでも効率が上がると思います。

ただ、条件が限定されたこうした物件を探す際には、該当する物件をどのようにして絞り込むかが問題となります。

たとえば、情報量の豊富さで知られる不動産情報サイト「Ｙａｈｏｏ！不動産」を例にとって考えてみましょう。

▼Yahoo! 不動産　http://realestate.yahoo.co.jp/

このYahoo! 不動産のなかに、「中古マンション」というカテゴリがあります。

このカテゴリには、数百万円程度で購入できる手ごろな物件が数多く掲載されており、インターフェイスもよく考えられていて使いやすいのですが、残念ながら「オーナーチェンジ」という検索条件は指定できません。

売り手側が気を利かせ、掲載の物件名に多少手を加えて「○○マンション・オーナーチェンジ」と丁寧に表示してあるケースもありますが、そういった物件はまれです。

したがって、多くの物件のなかからオーナーチェンジ物件を絞り込むには、駅からの徒歩分数や広さなどである程度候補を絞り込んだあと、物件情報のページをひとつずつ開いていって、「建物現況」が「空室」ではなく「賃貸中」となっている物件を自分で探さなければならないのです。

私としては、このひとつずつページを開いていって自分で調べなければならない、という〝面倒臭さ〟こそが、競争相手を遠ざけてくれている、と割り切るようにしています。

なので、もし今後このサイトがバージョンアップし、オーナーチェンジ物件を簡単に抽出できるようになったら、自分自身もラクに探すことができますが、それと同時に多くの投資家が同様の物件に殺到してより競争が激しくなることが予想され、悩ましいところです。

いずれにせよ、ここで私が言いたいのは、このように**他の投資家が面倒臭がって行わないようなことをあえて行うことで、競争率が下がり、より高利回りな優良物件を手にできる可能性が高くなる**ということです。

売却に適したタイミングとはどんなときか？

では、逆に物件を売却したくなったときの手順についても、ここでひととおり説明をしておきましょう。

まず物件を売りに出す前に、そもそもいまがあなたの物件を高値で売却できるタイミングなのか、事前チェックしましょう。入居者がいるかどうかや物件の間取りによって、判断の基準は変わってきます。

◆オーナーチェンジ物件として売り出すのが基本

賃貸中の物件をそのまま売りに出すことを選択した場合、すでに何度も述べているようにその物件は「オーナーチェンジ物件」となります。

投資用不動産では、入居者が付いていると次のオーナーも買ってすぐに家賃収入を得られるため、一般により早期に買い手が見つかりやすいという特徴があります。ですから、できるだけ入居者を付けた状態で売りに出す、というのが基本です。

この場合、当然ながら買い手はすべて投資家になりますから、マイソクなどの販売資料には利回りが大きく表示されます。買い手も主にその利回りを見て、買いを入れるかどうかの判断をします。

ということは、物件に付いている入居者から少しでも高い家賃を取れていたほうが、利回りの数字が高くなり、高値で売れやすくなるということです。

こういう前提に立てば、**売却という出口を意識するようになったら、入居者が退去したあと、できるだけ高めの家賃で募集を出すことが非常に重要**になります。

もちろん、何も条件を変えずに高い家賃を付けても、周辺の相場を上回ってしまえば入居者が入りません。あらかじめリフォームをして、家賃の値上げが正当化できるような魅力的な部屋をつくり出したり、家賃を上げる代わりに敷金や礼金を下げたりするなどの工夫が必要です。

また同時に、近隣で賃貸仲介を行っている不動産屋さんになるべく多く声をかけ、露出を増やすなどの対策も必要でしょう。これは、「専任」ではなく「一般仲介」で複数の不動産屋さんに依頼する、ということです。

ここまですれば、一時的にでも相場より高い家賃を付けるのはそれほど難しくありません。そのときこそが、オーナーチェンジ物件を売りに出すのに適したタイミングと言えるでしょう。

✦現況空室の物件として売り出す場合

通常の投資用物件では、右に説明したように入居者が付いていたほうが売却に有利になるのですが、例外的にファミリータイプの区分所有物件、あるいは戸建て物件などの場合、実需層による購入が見込めます。そのため、逆に空室状態のほうが高く売却できる傾向にあります。これもすでに何度も述べたように、買い手が住宅ローンを利用するのに、現況が空室でなければならないからです。

常に価格を買い叩こうとする投資家に比べ、実需層は購入価格にも比較的鷹揚《おうよう》です。ですから可能性があるのであれば、常に実需層を買い手として狙うべきでしょう。

したがってこうしたタイプの物件では、**入居者が退去して空室になった瞬間に内装をリフォームし、見た目などをある程度綺麗にしてから物件を売り出す**というのが、もっともタイミングを捉えた手法となります。

中古物件を自宅として購入しようとする人は、マイホームとしてその物件を買ったあとにどんな生活が待っているかを脳裏に思い描きながら物件を選びます。そのため、退去直後の汚れた状態の部屋をそのまま売りに出したり、前の入居者が置いていった家財道具などが残っているような状態で売り出すのは基本的にＮＧです。古い家財道具などは必ず撤去し、天井や壁紙などもすべて張り替えるフルリフォームをしてから売り出すようにすると、より高値で売れる可能性が高まります。

ただフルリフォームとはいえ、お風呂場や台所などの大きな費用がかかる水回りまでは交換しなくてよいでしょう。水回りは好みの差も大きく出る部分なので、売り手としてはルームクリーニングを施す程度にとどめておけば十分です。もし何か不満があっても、マイホームであれば購入したあとに住人が自らリフォームをするからです。

売り手としては、費用対効果が高く、ローコストで見栄えを格段に向上させられる壁紙・床・天井の部分にむしろお金をかけましょう。こうしたポイントを押さえておけば、ファミリータイプの広い部屋でも、100万円を超えることなく見栄えのよいリフォームができると考えられます。

売出価格はどのようにして付ければいいのか

では、物件を売ると決めたら、売出価格はどのように決めたらいいのでしょうか？

これは、基本的には**利回りを使って家賃から逆算して算出**します。

その物件の該当地域での標準的な売出価格、つまり「相場」の売出価格を出したいのであれば、この計算時の「利回り」にはその地域のキャップレートを使いましょう。たとえば、

年間家賃収入が100万円の物件で、キャップレートが8%の地域であれば、

年間家賃収入100万円÷キャップレート8%＝1250万円

となり、売出価格は1250万円くらいが標準的だとわかるわけです。

普通はこの価格でしばらく様子を見て、なかなか買い手が付かないようであれば、少しずつキャップレートよりも利回りを上げて再計算し、価格を設定し直していきます。


【キャップレートと同率の8%では売れないので、利回り9%で再設定した場合】

年間家賃収入100万円÷再設定利回り9%＝1111万円

逆に、相場よりも高い強気の価格を付けられる物件だと思うのであれば、キャップレートより利回りを下げて計算し、おおよその価格を算出する、ということになります。

なお、実際の売り出しでは10万円台以下の数字は丸め、右の例であれば1200万円とか1100万円といった、切りがよい数字で売り出すケースが多いようです。

不動産仲介会社への依頼の仕方

どのような不動産屋さんに依頼するかについても、それが投資家向け物件なのか実需層向け物件なのかによって、売り手の取るべき対処法が違ってきます。

◆投資家向け物件の場合

一棟ものアパートやオーナーチェンジの区分所有物件などは、自宅として購入する人はいませんから、原則として投資家向けに売り出すことになります。ワンルームタイプのマンション物件についてはごくまれに実需買いがありますが、このタイプもほとんどの買い手は投資家ですので、投資家向け物件に分類していいでしょう。

こうした**投資家向け物件の場合、複数の不動産会社に同時に依頼し、競わせることが大切**です。なぜなら、投資家向けの物件では買い手が部屋のなかを確認できないことが少なくなく、買い手が各種の販売資料や物件の外観のみで、その物件を購入するかどうかを判断するケースが多いからです。

この場合、仲介を1社に独占させるよりも、複数の会社を競わせてより多くの投資家に情報を提供してもらったほうが、早く売れると考えられます。よって、不動産会社との契約形態は「一般仲介」で依頼します。

◆実需層向け物件の場合

これに対し、一戸建てや空室状態のファミリータイプ区分所有物件などでは、住宅ローンを使って自宅用に購入する実需層を主な買い手として想定すべきでしょう。そのため、物件を選ぶ段階でも部屋のなかをじっくりと見てもらえるように、仲介会社にオープンルームなどを実施してもらったほうが買い手が付きやすくなります。

であれば、**「一般仲介」ではなく「専属専任契約」を結んで、仲介業務を1社に独占させたほうが売却までよりスムーズです。**

私の場合、こうした実需層向け物件については、素人の買い手がより多いと思われる三井のリハウスや住友不動産販売といった、知名度の高い会社に任せるようにしています。ですが、より慎重に行うのであれば、複数の会社から「査定」という形で見積もりを取り、それらを比較してから決めるのがよいと思います。

買い手が決まったら……

そうして、首尾よくあなたの物件に購入申込みが入り、価格の交渉もまとまれば、いよいよ買い手と売買契約を結ぶことになります。

このとき、もしあなたがその物件を購入したときのローンがまだ残っているのであれば、**売却**（**残金決済**）**と同時にローンも一括して全額返済しなければなりません。**

したがって、こういうケースではローン残債よりも高い価格で売らなければならないのが必須条件です。

また、**売買契約が終わった瞬間にすぐに金融機関に連絡を取り、**「このたび物件を売却することになりました。売却価格は○百万円で、○月○日に残金決済する予定です。つきましては、必要書類などがありましたらご教示ください」と伝えなければならないことを、忘れないでください。

第6章

購入時の価格交渉ではこうして値切れ！

これまでの説明でもわかるとおり、出口戦略の肝は「キャップレートよりも高利回りになるように物件を購入すること」、言い換えれば、「**購入時にいかに安く買うか**」に尽きます。まさに、投資格言にある「利は先にあり」そのままです。

そこで第6章では、購入時に物件の価格を下げるための交渉テクニックについて、少し詳しく解説しておきましょう。

自分の立場を相手の立場よりも強く保つ

不動産に限らず、あらゆる交渉ごとを成功させるコツは「**自分の立場を強く保つ**」ことです。これには心理的な側面と物理的な側面のふたつがありますから、順番に説明していきます。

◆心理的な側面：がっつかないために、日ごろから多数の物件を見続けること

あなたが不動産を買おうとするとき、お金を支払うのはあなたです。みなさんは「お客さま」であり、売主の側が「買ってもらう」立場です。

もし、これが車やパソコン、テレビなどの一般的な耐久消費財を買う場合であれば、それらの商品はさまざまなお店で、同じ種類のものがたくさん売っています。ですからより多くの選択肢が、買い手であるこちらの側にあることになります。

店員の接客態度や価格、あるいはその他のサービスなどで気に入らない点があれば、すぐにそのお店を出て別のお店に行き、そちらで購入しても問題ありません。

このように「お客」の側により多くの選択肢がある場合には、一般に、買い手の心理的な立場は非常に強くなります。価格を安くしてくれるような交渉も、グッとしやすくなるでしょう。

一方で、売り手側のほうが明らかに心理的立場が強くなる場合もあります。

たとえば、「生産台数10台限りの限定モデル」といった〝レア商品〟を購入するケースです。

この場合、商品が少なく買い手は多いのですから、先ほどとは逆です。売り手側が特定のお客に買ってもらう必要がなくなり、お客を選択することが可能になります。

売り手側の選択肢が増え、逆に買い手側の選択肢は少なくなるわけですから、たとえば売り手がより高い値段を付けてくるなど、買い手側にとっては価格交渉に著しく不利な状況となります。

物やサービスの売買取引においては、このように**選択肢がより多いほうが心理的に強い立場を取れ、価格交渉でも強気に出られる**という原則があります。

これは当然、不動産の売買においても当てはまるわけです。

ある物件が、あなたにとって希少性が高い物件であり、別の選択肢がない状況であると思えば思うほど、価格交渉におけるあなたの心理的立場は弱くなります。

たとえば、普段から物件の情報をたくさん見ていないと、少しよい物件を見ただけで途端にほしくなってしまい、「この物件を逃したら、同じようなチャンスは二度とないのでは……」と思いがちなのです。

不動産屋さんは仲介のプロですから、そうした買い手の「がっついた雰囲気」を簡単に見抜きます。そうすると、不動産屋さんが強気に出て、あなたの価格交渉をはねつけてくる可能性も高くなる、ということです。

そうした〝心理的に弱い立場〟に陥らないようにするには、価格について交渉する際、「別に、安くならないんだったらこの物件は買わないよ。ほかにも、いくらでもお買得物件は見つかるんだから」という精神状態を、常に保つことが重要です。

そのためには、すでに前述した「1000：100：10：3：1の法則」を愚直に実行し、日ごろから数多くの物件情報に接して、実際に「お買い得物件」をたくさん発見している状態を保っておくことが一番です。

そうすれば、精神的に不安定な「がっついた状態」にならずにすみ、価格交渉においても心理的な優位性を間違いなく維持できるでしょう。

◆物理的な側面：物件選びの段階で、交渉余地の有無はある程度予測できる

価格交渉時の買い手と売り手の立場は、その物件の購入希望者がどれだけいるのかという物理的な側面によっても変わってきます。

たとえば好立地で状態もよい一棟もののアパート物件が市場に出れば、現在の相場では多くのケースで引く手あまたの状態となります。仲介の不動産屋さんのところへは、購入を希望する買い手からの申込み電話が殺到するような物理的状況になることも少なくありません。

そうした状況では、いかに自分が心理的に落ち着いた状態を維持していたとしても、価格交渉をしかけられた不動産屋さんは「ほかにもいくらでも買い手がいますから、無理に購入されなくても結構ですよ！」とあなたの提案を一蹴してきます。

逆に立地が悪く、築年数も古い区分所有物件だったりすると、自分以外に購入希望者が誰もいないという状態になることもあります。こうした物理的状況であれば、買い手であるあなたのほうが明らかに有利な立場で交渉できるでしょう。

その物件にあなたのほかにも買い手がいるかどうかという物理的状況が、大幅な価格交渉ができるかどうかを大きく左右するわけです。

こうした他の買い手の有無は、価格交渉をする前の物件選びの段階で、誰でもある程度は予想ができます。激しい競争が起こっている物件では、そもそも価格交渉の余地がほとんどないということを、まずはしっかりと認識しておきましょう。

要するに、**価格交渉を成功させる確率を上げるには、そもそもの物件選びの段階で競争率が低い物件を狙うことも重要**だ、というわけです。

売り手をプロファイリングする

孫子の兵法のなかに「敵を知り、己を知れば百戦危うからず」という言葉があります。

価格交渉も不動産を巡るある種の「戦い」だとすれば、私たちも**対戦相手となる売り手のことをよく知ることで、戦いを有利に進めることが可能となる**でしょう。売り手がどんな人物で、どのような理由で今回の物件を購入し、かつ売ろうとしているのか知る努力をすれば、価格交渉成功の可能性が高まるわけです。


とはいえ、仲介会社の営業マンには売り手側情報について守秘義務がありますから、「売り手の情報を教えてください」とストレートに聞いても、すぐに教えてくれることはまずありません。そうした売り手側の情報は、原則、非公開なのですが、実は仲介会社の営業マンから聞き出すことは、決して不可能なことではないのです。

たとえば、取引に最低限必要なレベルの情報であれば、世間話として営業マンから聞き出すことはそれほど難しいことではありません。取引を成立させるためであれば、ある程度の情報漏洩は黙認される現状があるからです。

そうして聞き出した情報に、物件の状態や属性などの情報をつなぎ合わせれば、売主の人物像を自分なりに描き出すことは十分可能です。これを、私は「**売主プロファイリング**」と呼んでいます（ちなみに「プロファイリング」とは、刑事もののドラマなどで、犯罪の現場に残された証拠や犯行の手口などから、実行犯の人物像を描き出す際に使われる言葉です。それを不動産投資に応用したわけです）。

実際には、まずは営業マンと仲よくなることから始めましょう。

気になる物件があったら、いきなりメールや電話で価格交渉をするのは厳禁。必ず、実際に仲介担当の不動産屋さんを訪問し、できれば現地で物件を案内してもらいながら、1対1の対面コミュニケーションを取るようにします。

そのうえで、まずは世間話から会話を始めます。

このときの話の切り口は何でもよいのですが、いきなり不動産についての踏み込んだ話をするのではなくて、天気の話や、その街の名所・名物についての話をして、相手の警戒心を解きほぐすことが大切です。その後に、「最近の不動産業界は忙しいですか？」、「お客さんはきていますか？」といった、不動産についての軽い話題に入っていきます。

するると、次第に雰囲気が打ち解けてきますから、いよいよ売主に関する情報を取るわけです。しかし、ここでもいきなり「売主はどんな人ですか？　今回はなぜ、この物件を売りに出したのですか？」などとダイレクトに聞いてしまうと、営業マンが警戒してしまい、うまく情報が取れません。

そうではなく、**営業マン自身が、売主についての情報を自分から話さざるをえない状況に会話を誘導する**ことが重要なのです。そのためには、〝買い手としての素朴な疑問〟をぶつけることが有効です。

たとえば私の場合には、次のような質問パターンをよく使います。

「この物件、すごく安いですね！　私もこの地域ではかなり物件を見てきたのですが、今回の物件は特に安い気がします。

ただ……、こんなに安く売り出すというのは、何か理由があってのことですか？　正直、少し心配なんですが……。売主さんに何か事情があったのでしょうか？」

買い手にこうやって聞かれれば、営業マン自身の心理としても、**「買い手の不安を打ち消すために売り手の事情を説明せざるをえない」**という説明が付けられます。心理的な理由づけができるために、比較的気さくに、売り手側の事情を説明してくれるケースが多くなるのです。

具体的には、「実は、事情があって売主さんが他県に引っ越しされましてね、自宅として住んでいたこの物件を売りに出すことになったんですよ」と教えてくれたりします。

この程度の情報であっても、売主は新しい家に引っ越したのだから、古い家はある意味用済みで、売却価格にはこだわらないのでは？　また現状が空室なのであれば、すでに引っ越し済みということだから、もしかしたら新居のローン返済に当てるため早期の売却を望んでいるかもしれない、という推測ができます。

あるいは引っ越しがきっかけということは、投資家ではなく実需の人、つまり投資に関する知識がそれほどない売主だろう、ということも推測できるでしょう。こうした推測ができれば、ある程度は強気の価格交渉をしかけても、売り手が乗ってくる可能性が高いと考えられます。

逆に、営業マンの話から売り手が実需層ではなく投資家であることがわかれば、相場情報にもある程度は精通しているだろうと考えられ、大幅な価格交渉の余地はあまりないだろうな、ということが検討の段階で推測できるわけです。

ダメで元々、買えなくても構わないと考える

さらに、**ひとつの物件、ひとつの交渉にこだわりすぎない**という点も、交渉前の重要な心構えのひとつと言えます。

特定の物件にあまりに惚れ込みすぎると、価格の交渉がうまくいかなくても、どうしてもその物件を買いたくなるのが人間の心理です。その結果、お買い得物件を買うことよりも物件を買うことそのものにこだわってしまい、高値で、つまり低い利回りで買ってしまうことになりかねません。

このような取引は、単に高い買いものに付くだけでなく、買えなかったときにも私たち投

資家に心理的な悪影響を及ぼします。

どうしてもほしかった物件の価格交渉がうまくいかず、結局、買えなかったとしましょう。するとそれまでの努力が報われなかったことに大きく落胆し、モチベーションが下がって不動産投資を続けることがイヤになってしまう、ということが結構あるのです。結果、投資の世界にしばらく戻ってこられなくなってしまうようなケースにも、講師としての経験上、頻繁に遭遇しています。


価格交渉は相手があるものですから、うまくいくこともあれば、ダメなこともあります。それは天気が晴れたり曇ったり、雨が降ったりするのと同じように、誰もが経験するひとつのサイクルにすぎません。

それなのに、特定の物件にこだわりすぎて、価格交渉がうまくいかないたびに怒ったり失望したりしていては、あなたの精神状態に悪い影響を与えてしまいます。

私の場合はこのような現象を防ぐために、**交渉に入る前には必ず、「この取引はどうせ上手くいきっこない。買えないのが当たり前だ。きっと、そうなるに違いない」と自分に言い聞かせてから交渉するようにしています。**

こうすれば元々の期待値を下げることができますから、たとえ交渉がうまくいかず不動産屋さんに無碍《むげ》に断られたとしても、精神的に失うものが何もない状態を保てます。むしろ「うまくいけば、儲けもの！」と考えることができ、交渉に臨むための強い精神状態をつくり出せるというわけです。

価格値引きを実現する3つの成功テクニック

以上の心構えを踏まえたうえで、具体的な交渉のテクニックを3つ紹介しましょう。

✦交渉テクニックその1：ほのめかしで下値を探る

まずは、いま出ている希望売出価格に対し、どのくらいの幅の価格交渉が可能かを探りましょう。

不動産の取引では最終的な価格決定権は売主にありますので、本来であれば、売主次第でどこまでも強気の価格交渉が可能です。不動産についてまったく無知で、お金にも困っているような売主であれば、あえて最初は常識外れに安い価格を提示し、そこから交渉をスタートさせるような作戦も理論上はありうるわけです。

しかし**現実には、あいだに入っている仲介会社の営業マンがある程度現実的だと思ってくれる価格提示でないと、そもそも価格交渉の話を受け付けてくれません。**

本来は、仲介会社の営業マンは代理人（エージェント）にすぎないのですから、どんな値段での買い取り提示でも売主側に伝える義務があります。しかし、「この価格はあまりにも非常識だ。売主に伝えてもいたずらに感情を害したり怒らせたりするだけで、時間の無駄だな」と彼らが判断すれば、現実問題として話を受け付けてくれないのです。もしくは、話を受け付けているふりだけをして、実際には売主に伝えない「サボタージュ」を行いかねません。

このような「仲介営業マンのバリア」を通過できる最低限のラインはどの辺りにあるのかを、営業マンと会話を交わしながら探っていきます。

ひとつの切り口としては、**その物件に別途かかりそうな費用を口に出すことで、感触を探る方法**があります。

「この部屋は結構汚いですね。壁紙と天井を張り替えたら、50万円くらいかかりそうです。」

「お風呂も交換する必要がありますね。お風呂は50万円くらいでしょうかね。」

物件を見学する際、あるいは資料の写真などを確認する際に、こうした具体的な金額を口に出していくのです。これは一方的につぶやくよりは、不動産屋さんに質問したり、会話をしたりする形で言葉にしていったほうがよいでしょう。

この会話は、「この物件を買うことによって、100万円くらい別に費用負担が出るんだよね。そんなにかかってしまうとは、大変だなぁ」という雰囲気を、あからさまに言外に臭わせているのです。

こうした空気をつくることで、「購入するんであれば、あと100万円は安くならないと厳しいですね～」という言葉が言いやすくなります。相手のほうからそれを言ってくれる場合もあるでしょう。

あるいはもっと大幅な値引き、たとえば200万円とか300万円を現状から引いてほしい場合にも、同様な切り口が使えます。つまり、**会話をしながら「ほのめかし」ていく**のです。

「私は、この近所で、今回より200万円安い物件も購入しているんですよね～。」

「さすがにその価格では無理かな～。でも、もしそこまで下がったら、すぐ買っちゃうんだけどな～。」

こうして、「その価格まで下げてくれ！」ではなく、「そこまで下がっちゃったらどうしよう」みたいなほのめかしにとどめつつ、営業マンの様子を見るわけです。彼らの顔色を見ながら、どの程度までなら受け付けてくれそうか、下値を探っていきましょう。

そうして何度かやり取りをしていると、「この価格なら、少なくとも売主に打診はしてくれるだろう」という下値の目処がわかってきます。それがわかったら、思い切って「○○万円なら買いますよ」と口に出す、というわけです。

◆交渉テクニックその２：開き直る

小細工を弄《ろう》さず、**最初からオープンな姿勢で開き直る手法**もあります。

たとえば、「この物件であれば、利回りは12％でないと厳しいです。理由としては、……と……というふたつがあるために、利回り10％では採算が取れないからです」と、運用上の想定条件を伝える。

あるいは、「1000万円なら自己資金の範囲なので即決で買えますが、1500万円だとローンを引く必要があり、私の現在の信用状況では買えません。だから、1000万円にしてください」と、自分側の懐具合をはっきりと相手に伝えるようなパターンです。

このやり方ですと白黒がはっきり付きますし、結果もすぐにわかります。

また、「交渉テクニックその1」のように、いちいち相手に会って時間をかけなくとも電話やメールでの交渉が可能になりますから、時間の短縮も図れます。遠隔地にある物件にも便利に適用できるでしょう。

ただ、私の経験では、やはり**このような手法の成功率は低くなります**。

しかし、自分自身のモチベーションがイマイチ上がらず、現地に行って交渉をするのが面倒臭い物件などの場合には、あえてこのような開き直りテクニックを選択して交渉する場合もあります。

こうした交渉テクニックを選択し、結果として価格交渉がうまくいかなかったとしても、そもそも交渉について時間をかけていない分「手抜き」をしており、失うものもそれほどありません。

また、「うまくいったら、儲けもの！」というダメ元感覚もつくりやすいために、強気での交渉がしやすいというメリットがあります。

✦交渉テクニックその3：「現金一括購入」や「ローン特約なし」をほのめかす

価格交渉の際に不動産屋さんに必ず確認される項目として「ローンを利用するのか、現金一括で購入するのか」というものがあります。ローンを利用する場合、不動産業界では通常「ローン特約を付けて契約する」ことを指します。

「**ローン特約**」とは、購入の申込みをしたあとに頭金だけを払って銀行の審査を受け、もしも銀行の審査がとおらずローンが組めなかった場合には、ペナルティ（違約金）の負担なく契約をキャンセルし、頭金を回収できるという特約を付けて売買契約を結ぶことを意味します。その審査のあいだは、売主は他の買い手には物件を売らずに待ってくれます。

この特約を付けないと頭金を失うリスクがあるため、ローンの利用を希望する買い手は、必ずと言っていいほどローン特約を付けるものです。

買い手にとっては安心なこのローン特約ですが、売り手や仲介会社にとっては、ある面で厄介な条項として映る場合が少なくありません。

何しろローン特約が付いている場合、買主側がローンの審査を受けるあいだの数週間〜1ヶ月は、物件を売り止めにして待たなければならないからです。結果、ローンが無事に降りて物件が売却できればいいのですが、万が一審査がとおらなかったりすれば、頭金を返金して交渉を白紙に戻さなければなりません。貴重な数週間～1ヶ月の期間が無駄になり、1円のお金にもならないという最悪の事態になってしまうのです。

こうした事情があるため、不動産屋さんによっては買い手が先に銀行の審査を受け、融資の内諾を得てからでないと購入申込みを受け付けないという会社もあるくらいです。

割合としては不動産売買ではローン特約を付けることが多いために、実際に口に出すことは少ないのですが、こうした事情もあって売主側や仲介会社はローン特約について嫌悪感を持っているものです。それを逆手に取るのが**「ローン特約なし」での購入申込みをする交渉手法**です。

「今回の1500万円の物件、私は1000万円なら購入します。契約は『ローン特約なし』で、頭金100万円を出します」などと提案する、というわけです。

この場合、売主側としては1500万円を1000万円に値引きされるのですから、3割以上の値引きとなり大きな痛手です。

反面、ローン特約なしで頭金100万円を受け取れるということですから、万が一買い手のローン審査がとおらなかった場合にも、最低100万円は受け取ることができます。

もちろん、ローンがとおれば残りの900万円も支払われますから、無事に取引が完了します。

売主が資金的に逼迫《ひっぱく》していればいるほど、このようなローン特約なしの交渉は効果があります。いつ売れるのか、また本当に売れるのかどうかがわからない状態よりも、目先のキャッシュを取らざるをえない売主というのは、常に一定の割合存在します。思惑どおりそうした売り手にこのような提案をしたときには、かなりの安値で物件を購入できることもあるのです。

一方で、ローン特約なしで購入を申込み、契約までした場合に、買主側としては万が一ローンがとおらなかった場合に、頭金を失うリスクがあります。

このようなリスクを排除するためには、次のような準備が必要になるでしょう。

・事前に金融機関を訪問して審査を受け、借り入れ可能枠を確認しておく

・ローンがとおらなかった場合に備え現金を用意しておく（先ほどの例で言えば、頭金１００万円を払って、残り９００万円のローンを組む場合、仮にローンがとおらなくても現金で９００万円を持っていれば、その資金を充てて決済ができますから、取引を完了させられるわけです）

このほか、**さらに強力な「現金一括払い」での提案**もあります。

「ローン特約なし」での提案と「現金一括払い」の提案では、実質的にさして変わらないのではないかと感じられるかもしれませんが、「現金一括払い」では１００万円＋９００万円という2段階の支払いではなく、１０００万円を一気に支払うことになります。

相手側にとっては最上級の支払い条件となりますから、当然、その分大幅な値引き交渉が可能となるのです。

まとめましょう。価格交渉に際しては、もっとも強い提案から次のような順番になります。

1位：「現金一括払い」　１０００万円
2位：「ローン特約なし」　頭金１００万円＋ローン９００万円か現金９００万円
3位：「ローン特約あり」　頭金１００万円＋ローン９００万円

こうした支払い条件の変更は、価格交渉で大きな効果を発揮します。読者のみなさんも、ぜひ活用するようにしてください。

ひと言コラム 14

「ローン特約なし」の提案で大幅値引きに成功した事例

このような「ローン特約なし」のテクニックで大幅な値引きに成功した事例として、本書の第4章、142ページのコラムで紹介した1380万円のオーナーチェンジ物件があります。

この物件の購入検討に当たっても、私はまず所有者（売主）に関して仲介会社の営業マンから情報を取り、売主プロファイリングを行いました。

すると、今回の物件の売主は高齢の女性で、ご主人が亡くなられたために相続で引き継いだ収益不動産であることがわかりました。そして売主は現在、東京都の城西地区に住んでいる、という情報も取れました。城西地区はいわゆる高級住宅街ですから、これはつまり、売主がそれなりに裕福な環境にいることを示しています。

相続で不動産を引き継いでいることから、売主が不動産に関しては無知で、経験が少ないことも推測できました。また高齢であることから、新しく不動産取引の知識を吸収するようなケースも少ないと思われます。さらには高級住宅街に住んでいることから、価格交渉に対してそれほどシビアな姿勢を取ってこないことも予想できました（お金に余裕がある分、値引きを受け入れやすいため）。

私はこうした事情も勘案したうえで、価格交渉で「１０００万円ジャストであれば購入します。現金購入で手付金１００万円。残金９００万円は１ヶ月以内に支払います」と切り出したわけです。

この場合、「現金購入」と言い切っている以上は、当然のごとく「ローン特約なし」を指すわけです。

しかし、それでは残金９００万円は本当に現金で払う必要があるのか、ローンを使ってはいけないのかというと、そんなことはありません。**残金９００万円は、現金であろうとローンであろうと、相手にとっては受け取る金額は変わらない**からです。

ですからこのケースでも、そうして購入価格の提示をしたあと、すぐに金融機関を回ってローンを実行してくれる金融機関を探しました。すると1ヶ月の期限の前に、首尾よくフルローンの融資（つまり、この事例では1000万円の融資）を実行してくれる金融機関が見つかりました。

結局、自己資金をほとんど使うことなく物件を購入できたわけです。

このエピソードのポイントとしては、「**ローンを使っているにも関わらず、現金購入と同じように大幅な値引きに成功している**」という点です。

それこそが、「ローン特約なし」の提案が持つパワーと言えるでしょう。

第7章

高値での売却を可能にする格安リフォームテクニック

購入後に利回りを変えられる最短ルート

すでに耳にタコができているかもしれませんが、物件の売却で利益が出るかどうかは、何度も言うように「キャップレートと利回りの差」によって決まります。このうち、「利回り」を自分の創意工夫によって上昇させられるのが、以下に説明する**リフォーム**です。

リフォームによって、オーナーは物件所有中の家賃収入を上昇させられます。これにより、より高利回りな物件をつくり出すことが可能になるわけです。

もちろん、利回りの数字は購入価格によって決まる部分が大きいのですが、リフォームによってその数字をさらに1％程度、場合によっては2％近く向上させることが可能なケースがあります。

また、**入居者が退去したタイミングであれば、リフォームは購入後に時間が経ってから行うことも可能**なので、物件購入後に自分の力で利回りに手を加えられる、もっとも手軽な方法でもあります。

さらに、適切なリフォームによって高利回りの物件を完成させられれば、**物件を売却せずとも家賃収入による利益を確保できます。**仮に売却をする際にも、**高利回りの物件は誰もがほしがりますから高値で素早く売却することが可能**になります。

まさに、家賃収入と売却益の一石二鳥の利益をもたらしてくれる、メリット満載の物件価値向上策がリフォームなのです。リフォームとは、不動産投資においてそれほど重要なものなのだと、認識を新たにしてください。

では、私がこれまでに売却してきた物件のなかでも、売却の際に特に効果があったと思われるリフォームテクニックについて、いくつか紹介していきましょう。

外装と内装、どちらをいじる？

まずは大きな選択肢として、建物の外装と内装、どちらを優先的にリフォームするかという問題があります。

この点については、売却を前提に考えれば必然的に次のようになりがちです。

・区分所有物件　→　内装のリフォームを優先的に行う（外装は管理組合の管轄だから）
・一棟もの物件　→　外装のリフォームを優先的に行う（内装は売る際には重視されないから）

これが一般的なパターンですが、投資家としては逆のパターンも十分にありうることを知っておきたいものです。

たとえば区分所有物件であれば、外装のリフォームは右に示したように管理組合の管轄ですから、直接自分がリフォームすることはできません。

しかし、**管理組合が大規模修繕を行った直後に売却する**という手段を取れば、追加の自己負担はほとんどゼロで（代わりに、毎月の管理費と修繕積立金を払っていますが）、美しい外観を手に入れた状態で物件を売りに出せます。これは、間接的に外装のリフォームを行ったも同然のパターンだと考えられるでしょう。

また、もう一方の一棟もの物件では、売却を考える際には個々の部屋の内装はあまり重視されないため、外装のリフォームが優先される傾向があります。しかし、これも考え方次第です。

個々の部屋の内装に美しいリフォームを施すことによって、入居者募集の際により高い家賃を付けられる可能性が高まります。そうして**近隣の同等物件より高利回りの物件をつくり出すことができれば、物件の売却価格は外観が綺麗な状態よりむしろ高くなる可能性が高い**でしょう。入居付けにも有利になりますので、オーナーチェンジ物件として売却できる可能性が高まります。

もちろんケースバイケースではあるのですが、一般的なパターンでのリフォームが必ずしも正解ではないということは、不動産投資家なら常に頭に入れておきたい原則です。

私の経験では、一棟もの物件であってもむしろ内装のリフォームに力を入れたほうが、売却価格を上げられたケースが少なくありません。

よって、ここでは区分所有物件にも一棟もの物件にも共通して適用できる「内装のリフォーム」にスポットを当て、特に解説していきたいと思います。

ひと言コラム 15

大規模修繕直後の売却で「売却益」をゲットした事例

通常、区分所有物件では、オーナーひとりの意志では外装のリフォームができません。しかし、ほとんどのマンションが築20年～25年程度を目処に大規模修繕を行うことを知っていれば、先ほど述べたようにそのタイミングで物件を購入し、大規模修繕に〝タダ乗り〟をすることも可能になります。

たとえば、私が千葉県船橋市に購入した区分所有のワンルームマンションは、バブル絶頂期の昭和63年（1988年）に新築価格2000万円程度で分譲された物件でした（左のマイソクも参照）。その物件が20年かかって値下がりし、平成20年（2008年）の夏にわずか360万円で売りに出されていたのです。

通常であれば、私はワンルームマンションにはあまり興味を持ちません。しかしその物件は、売り出しの時点ですでに表面利回り13％を超えていたオーナーチェンジ物件で、価格交渉を行うことによって、さらに高い利回りを達成できる見込みがありました。

売マンション

SC テラス船橋

JR総武線「下総中山」駅 徒歩11分
東西線「原木中山」駅 徒歩13分
京成本線「東中山」駅 徒歩12分

☆月額賃料：44,000円
☆年間賃料：528,000円

オーナーチェンジ
利回り13.02%！！

所在地	千葉県船橋市●●町 00-0・3 階部分
専有面積	16.20 ㎡（4.9 坪）
バルコニー	2.70 ㎡（0.81 坪）
構造	鉄筋コンクリート造、4 階建て
築年	昭和 63 年 10 月
間取	1R
管理	株式会社すばる管理
施行	すばるマンション建設株式会社
土地	所有権
戸数	25 戸
管理費	6,000 円
積立金	2,000 円
現況	賃貸中
引渡	相談
備考	

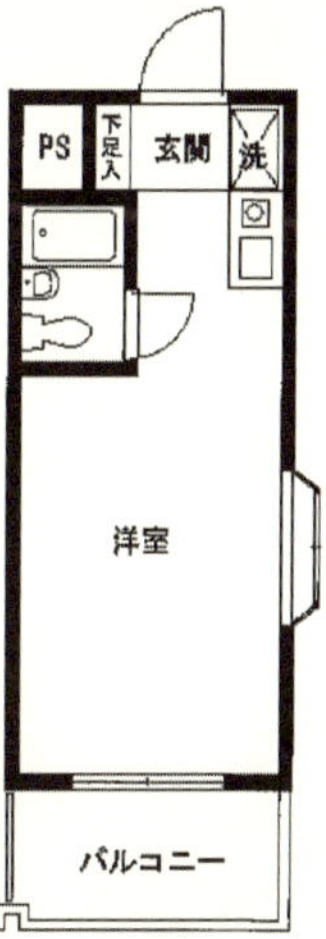

売買価格 360 万円

現地案内図

交渉の結果、300万円ジャストでの購入に成功。年間家賃52・8万円の物件だったため、この時点で表面利回りが17・6％にもなりました。

この物件が、まさに大規模修繕直前の物件だったのです！

購入した直後に大規模修繕が実施され、外観だけは綺麗な状態に復活しました。また、オーナーチェンジ物件だったため部屋内部のリフォームも必要ありません。

その後、この物件を390万円で売りに出したところ、個人の不動産投資家が360万円の指値を入れて購入してくれ、単純計算で60万円の売却益を獲得できました。

もちろん、売買に当たっては手数料もかかるため、純粋に差額のすべてが利益というわけではありませんが、購入価格よりも高値で売却できる安心感を持ちながら、家賃収入を継続的に得られるのは悪い話ではないでしょう。

この事例では、それまでの20年間の修繕積立金はまったく支払っていないにも関わらず、大規模修繕の恩恵にはちゃっかり〝タダ乗り〟できてしまいました。

「**修繕積立金が溜まっている中古マンションは、放っておいても**（外装の）**バリューアップを利用できる**」と考えると、物件選びの際に参考になるのではないでしょうか。

壁紙の張り替えは部屋の印象を一変させる

部屋に入った際の印象を大きく左右するのが、壁紙（クロス）の張り替えです。白一色、無地の壁紙を使う物件が圧倒的に多いのですが、これには無難だという理由のほかに、価格が安いという理由があります。リフォーム会社にもよりますが、おおむね1平米当たり1000円前後で張り替えてくれる会社が多いでしょう。

しかし、もし保有物件のバリューアップを狙いたいのであれば、ぜひとも**柄物クロスの使用**をお勧めします。

たとえば、リリカラやサンゲツといった壁紙のメーカーは、ホームページでも自社製品のカタログを公開しています。

▼リリカラ　WEBカタログ　http://www.lilycolor.co.jp/interior/catalog/
▼サンゲツ　デジタルブック　http://www.sangetsu.co.jp/digital_book/

◆柄物クロス使用の実例

青空柄

竹林柄

こうしたカタログを写真集代わりに使い、自分のイメージに近いおしゃれな柄を選んで、リフォーム屋さんに型番の指定をすればよいだけです。

柄物クロスにすると単価が２００円程度上がり、１平米当たり１２００円くらいになるかもしれませんが、ひと部屋当たりで考えればわずか数万円のコストです。その程度の費用で、他の多数の白一色の物件との差別化ができるのであれば、費用対効果が高いリフォームと言えます。

ちなみに私も、自分の所有物件に雲が浮かんでいる青空の柄（外がどんなに雨模様でも、快晴気分を味わえる部屋というコンセプト）や、心が落ち着く竹林の柄（純和風コンセプト）などの柄物の壁紙を使用した経験があります。

また、仕事や旅行で一流のホテルに宿泊した際、内装の写真を撮影しておき、よく似た壁紙を使って高級ホテル風の部屋を仕上げたこともありました。

こういった差別化は、あまりやりすぎると逆に入居者を選ぶことになってしまいます。そうなっては本末転倒ですから、他の物件と少し差を付け、**部屋に入った際の印象を少し変えてあげる程度が適正**でしょう。

しかしそれだけでも、競合物件が白一色のあまりに没個性な状況ですから、空室が早く埋まり、家賃の値上げをスムーズに行う助けになるケースが多いのです。

入居者がすぐに気づく設備は家主負担で設置する

リフォームでは、入居者に人気がある設備類のうち、**エアコン、シャワートイレ、モニター付きドアホン**については家主負担でひととおり設置しておくことをお勧めします。

これらの設備は、ぱっと見ただけで設置してあるかどうかがわかります。つまり、ひと目

◆モニター付きドアホン、シャワートイレ、エアコン設置の実例

モニター付きドアホン

シャワートイレ

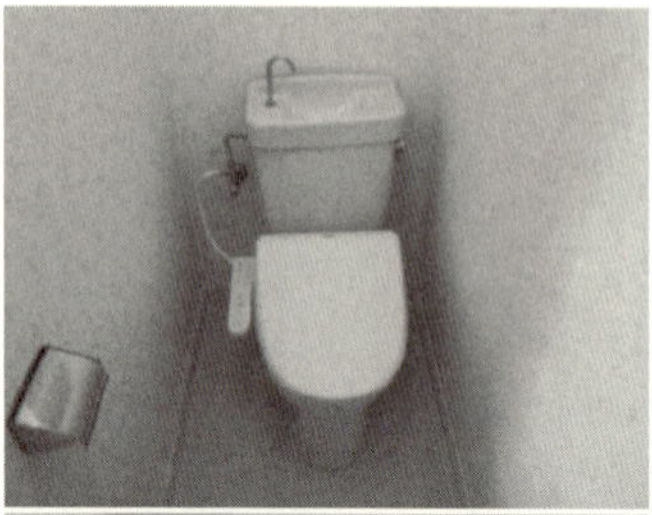

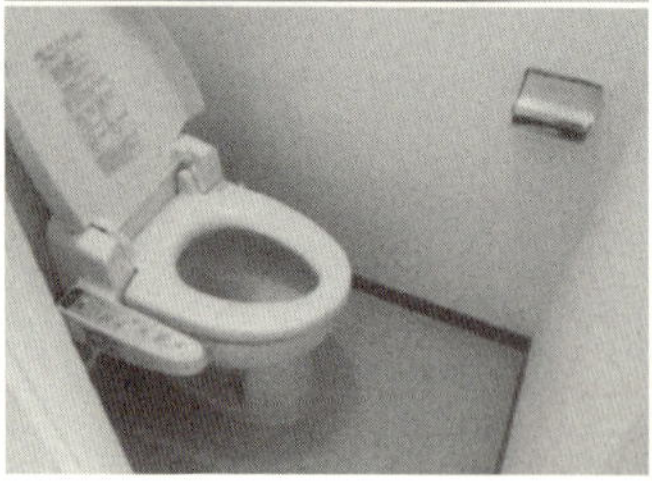

エアコン

でわかる贅沢さがあるため、入居付けや家賃の値上げに明らかな効果があります。

また、一度設置しておけば、その後何年にもわたって使用が可能であるというメリットもあるでしょう。

逆に、ディンプルキーやカードキーなどの高機能な鍵の設置、あるいは装飾コンセントなど、**入居者にそこそこ人気がある設備類ではあっても、あまり目立たず、入居者が性能の差に気づきにくい設備類については、原則、設置しなくて構いません。**

これらの設備は、入居付けや家賃の値上げに大きな影響を与えないからです。

水回り設備は交換費用が高いので要注意

水回りのリフォームには少々注意が必要です。なぜなら、普通に交換をすると多大な費用がかかってくるからです。お風呂、台所にそれぞれ30万～50万円程度。トイレ、洗面にはそれぞれ10万円程度。**すべてを交換すると水回りだけで１００万円近くはかかってしまいます。**

したがって、現状が使用可能な状態であれば、見た目だけを改善してコストを抑える努力をしましょう。

たとえば、お風呂であれば浴槽のコーティング（再塗装）を行えば、10万〜20万円程度の予算で、見た目だけはピカピカになります。

台所も、ものがしっかりしていれば上からダイノック・フィルムというシートを貼ることによって、少なくとも表面は綺麗になります。

トイレも、便器は業者に磨いてもらえば大抵の汚れは落ちます。

洗面所については、シャンプードレッサーなどの交換が必要になるケースが多

◆浴槽リフォームの実例

黄ばみが目立つプラスチック製の浴槽と床材について、コーティングによって白さを復活させた。また、汚れや割れが目立つ壁面タイルは、上から防水フィルムを施工することによって清潔感を復活させている。

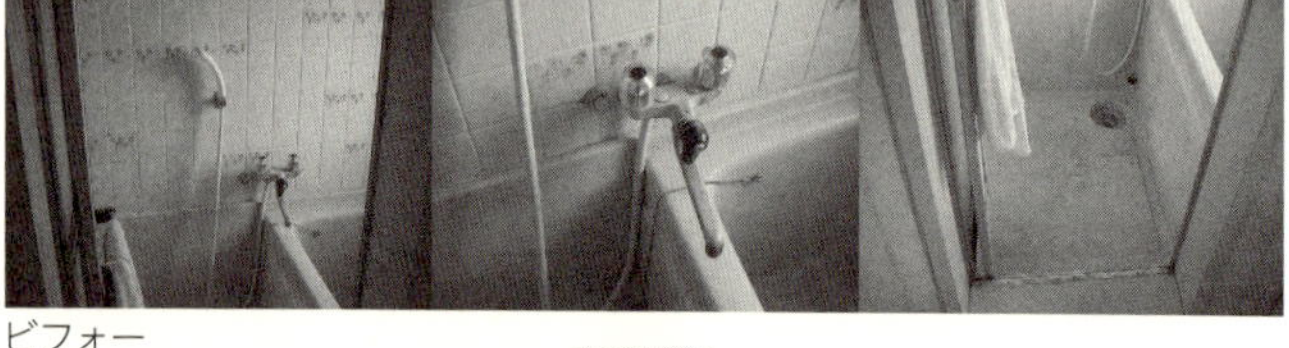

ビフォー

アフター

いのですが、ヤフオク！などのネットオークションを利用すれば、新品を2万円くらいの格安価格で手に入れることが可能です。それを、施主支給の形で業者に設置してもらうことで、リフォーム費用を安くするのです。

こうした水回りのリフォーム費用を抑えることで、より費用対効果が高い部分のリフォーム代金を捻出《ねんしゅつ》する、というわけです。

蛇口やドアノブなどの金属部品も施主支給で交換する

蛇口やドアノブなどの金属パーツは、築年数が古くなるとくすんできます。逆にその部分が光り輝いていると、それだけで物件が綺麗に見えます。スイッチやコンセントなど、人の手が触れやすいプラスチック部品についても同様です。

そこで、予算に余裕がある場合は、汎用品でいいのでこれらについてもできるだけ交換をするようにしましょう（余裕がなければ、これらの部分はリフォームなしでも構いません）。

◆蛇口の施主支給の実例

どの蛇口も、自ら
ホームセンターや
ヤフオク！で
購入したもの

サーモスタット付き

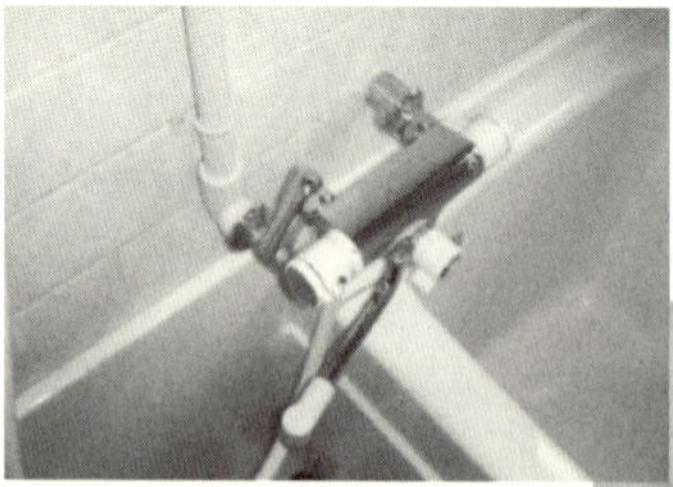

シングルレバー

逆止弁付き

安く仕上げるコツは、ホームセンターの特売品や、ネットオークションを利用して部品を自分で仕入れ、取り付けだけを業者に依頼することです。

洗面所のところでも少し触れましたが、このような依頼方法を「**施主支給**」と言います。

最近では、一般向けにＤＩＹ用品を扱うお店も増え、現品を確認しながら自分で部品を買うことが、以前に比べてずっと容易にできるようになっています。これに加えてネット上のオークションサイトでは、ワケあり品などが特売価格で多数出品されています。

そうしたルートを利用し、自分で必要な部品を調達して、取り付けだけをプロに依頼する方法が施主支給というわけです。

リフォーム屋さんによっては施主支給を嫌がる場合もありますが、快く引き受けてくれる会社もたくさんあります。ですから、そうした会社を選んで依頼すればいいだけです（よいリフォーム会社の選び方は後述します）。

腕に覚えがある人なら、支給だけでなく自分で取り付けまで行う手もありますが、**取り付け作業は仕上がりに素人との差が出やすい**部分なので、私の場合は極力、プロに任せるようにしています。

照明器具もいくつか設置しておくと入居付けに有利となる

最後の仕上げとして、**照明器具も家主負担で設置**してしまいましょう。

日本では昔から、空室の物件には照明器具を付けないのが不動産業界の慣習です。そのため、物件を探している人が夕方以降に部屋を内見しに行くと、室内は真っ暗で電気が点くのは管球を使っている台所とトイレ、お風呂だけという状態になります。

暗い部屋を見て「住みたい！」、「買いたい！」となる人はなかなかいません。

ですから、すべてとは言いませんが最低限、各部屋にひとつ程度は、家主負担で照明器具を設置することをお勧めします。

そうすると内見の際にも明るい印象となりますし、夕方以降や夜間の内見にも対応できるようになるので、入居希望者が仕事などで忙しく夜しかこられない場合でも、他の物件と比べて有利になるというわけです。

なお、壁紙におしゃれな柄物を使ったときには、照明器具は間接照明タイプのものを選びましょう。

シーリングライトなど、強い光量を持つ直接照明タイプの器具は明るいのですが、必要以上に生活感を出してしまう傾向があります。スポットライトを使用した間接照明を設置することで、部屋に適度な陰影のグラデーションができ、よりおしゃれな空間をつくり出す効果が期待できます。

◆照明器具設置の実例

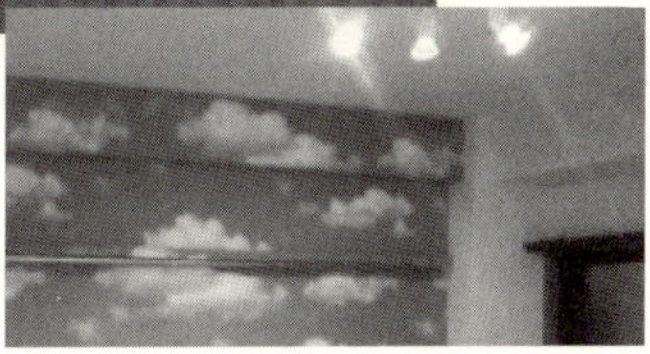

安価な照明器具でも、
付いているだけで差別化できる

また、広い部屋の場合には間接照明がひとつだけだと光量が足りない場合がありますが、こうしたケースでは部屋の角にスタンドライトを追加設置すると、明るい印象になります。

ちなみに私の場合は、北欧系のホームセンター、**ＩＫＥＡの照明器具**を好んで使用しています。

１個１９８０円から売られており（本書執筆時点）、廉価にもかかわらず簡単におしゃれな雰囲気をつくることができるため、大変重宝しています。

よいリフォーム会社の選び方

このような手段でリフォームを行う際に、かかる費用を大きく左右するのがリフォーム会社選びです。同じ物件で同じようなリフォームをするのでも、ある会社は300万円と見積もり、ある会社は150万円と見積もるというのは、よくある話だからです。

「安物買いの銭失い」という格言があるように、高い会社のほうが高品質な部材でよい仕事をし、安い会社では粗悪な部材で雑な仕事をするのではないか、と心配する人もいますが、リフォームに関しては、私の経験ではほとんどの会社が、安い価格でもよい仕事をしてくれます。

これは、現在のようにネットなどを通じて口コミが素早く伝わる時代には、雑な仕事をして評判を落とせばすぐに仕事がこなくなり、早晩倒産してしまうことになるため、当然の成り行きだと私は考えています。

この点を踏まえたうえで、安くてもよい仕事をするリフォーム会社の選び方を説明していきます。

✦選ぶ際のポイントその1：なるべく物件に近い、地元の会社から選ぶ

リフォームを依頼する際には、なるべく物件に近い地元の会社を選んだほうが、何かと有

利になります。

当然ですが、現場まで移動する際の交通費やガソリン代などがリフォーム価格にも反映されるため、見積もりの際に業者が安値での提案をしやすくなるからです。

また、地域密着型のリフォーム屋さんのほうが、地元で悪評が立ち商売がしづらくなることを避けようとしますから、たとえ価格が安くても、手を抜いた仕事はしないことが期待できるでしょう。

具体的には、**物件の所在するエリアのタウンページ（電話帳）を入手し、そこに掲載されているリフォーム屋さんに連絡を取る**のがよい方法だと思います。

✦選ぶ際のポイントその2：広告が地味である、広告を出していない

そのタウンページに大きな広告を出していたり、新聞の折込チラシを頻繁に入れているなど広告宣伝費にお金を使っている会社は、それらの広告費用が最終的なリフォーム価格に盛り込まれます。当然、価格が高くなる傾向がありますから、避けるようにしましょう。

もちろん、広告を多く打つことによって仕事を大量に受け、資材の一括仕入れを行いコストダウンを図るという側面もあるのかもしれません。

しかし、リフォームのように労働集約的な仕事で、かつ台所ひとつ取ってもキッチンのサイズや色、種類などが無数にある場合、同じ種類の商品の大量仕入れで価格を下げるというのは、かなり難しいものです。

コストダウン効果は限定的なはずで、結局、**広告費のような間接経費があまりかかっていない会社のほうが、リフォーム価格を安くしてくれる**傾向があるわけです。

◆選ぶ際のポイントその3：電話をかけたときに、受付担当者ではなく社長本人が出る

電話を受けるコールセンターを外注していたり、専門の担当者が出る場合、その人件費の分、リフォーム価格が高くなっている可能性が考えられます。

そういう意味では、一番価格が安くなるのは社長本人が営業マン兼電話の受付担当の場合でしょう。社長がすべての案件を仕切っていて、ほかには職人さんしかいない状態です。

あるいは、そもそも職人さんが自分で電話の受付までしている場合でしょう。

見積もりを依頼する際に誰が出るかで、ある程度はそうした推測もできます。

✦選ぶ際のポイントその４：見積もり依頼の際、電話口で「自宅ではなく、アパート（貸家）のリフォームです」と伝える

リフォームには大きく2種類あり、自宅用のリフォームではハイグレードな商品を、ある程度高額な手間賃で施工していきます。

対して、賃貸用のアパートのリフォームでは、通常は汎用品、お値段優先の商品を低価格で施工します（賃貸用のワンルームマンションの場合も、アパートのリフォームに準じます）。

前者のケースでは10年に1回とか20年に1回しかリフォームを行わないために、それなりに高い利益率が設定されているのですが、後者のケースでは2年おき、5年おきと頻繁に施工をするため、利益率を低く抑えた価格設定になっているものなのです。

個々のリフォーム屋さんによって、このうちのいずれを得意としているのかが分かれているのが普通です。したがって、発注する我々としては最初に「アパート（もしくは、賃貸）のリフォームです」と明確に伝えることによって、「お値段優先の安いほうを期待しています。それを得意としていない場合は、断ってください」というサインを出しているわけです。

✦選ぶ際のポイントその5：見積もりは、最低でも3社以上から取る

以上の条件を踏まえたリフォーム屋さんを、最低でも3社以上、現地に呼んで見積もりを依頼します。

その際には、たとえば午前10時にA社、11時にB社、12時にC社といった具合に1時間おきにきてもらい、**バッティングしないように配慮しましょう。**

そして、それぞれの会社にまったく同じ内容を伝えることで、見積もり価格の比較がしやすい状態にしておきます。

理想的なのは、そうして取った見積もりのなかに安い会社が2社存在し、2社でさらに競《せ》り合ってもらう図式になることです。こうなると、さらに価格が安くなる効果が期待できます。

私の保有物件の場合では、一番高い業者が300万円、安い2社が150万円で競っていたので、2社にそれを伝えたところ、最終的には130万円まで安くなったという経験がありました。もちろん、その後の施工内容もしっかりしたもので、何の問題もなかったことを申し添えておきます。

第8章

金融機関の賢い利用法&出口戦略における税務上の注意点

本書の最後に、最初から出口を想定した不動産投資を行うに当たっての**金融機関の上手な使い方と、税制面の注意点**について解説しておきます。

金融機関は不動産の売却を嫌がるもの

金融機関は、投資家が不動産の購入をする際に融資を行ってくれます。

しかし、それは彼らが「不動産投資」をしているわけではなくて、あくまで金融機関として「不動産賃貸業」や「賃貸経営」を行う事業主に対して、融資をしているという姿勢であることをまず認識しておきましょう。

出口戦略を考えながら不動産への投資を行う場合、金融機関のこうした〝立ち位置〟を理解しておかないと、のちのち思わぬトラブルになることがあるので要注意です。

要するに、**金融機関は「投資」が嫌い**なのです。

しかし、**「経営」に対してはお金を貸してくれます。**

もちろん、「経営」だって一種の「投資」なのですが、少なくとも金融機関はそのようには見てくれない、という現実を理解しましょう。実際にはそうでなくとも、彼らの耳には「投資」という言葉は〝ギャンブルに近いもの〟として響くわけです。

金融機関の目には、毎月の家賃収入はある程度の予測ができるので、インカムゲインを重視する投資手法は「経営」であると見えています。しかし、不動産の売買価格が来年上がるか下がるかは誰にもわからないため、売却益や転売益を狙う出口戦略重視の投資手法は、ギャンブルに近いものだと捉えられるケースが少なくありません。

こうした事情があるため、**融資を組んで買った不動産を短期間のうちに売却したり、売却を頻繁に繰り返したりすると、金融機関があなたに抱く印象が悪くなり、以降、金融機関を利用しづらくなる場合がある、**という現実をまず認識してください。

不動産投資に関するこうしたスタンスは、金融機関の習性のようなものですから、彼らのほうを変えることは不可能です。銀行の担当者に熱意を持って投資意図を説明しても、担当者個人くらいは説得できるかもしれませんが、組織全体を変えることはできません。

ですからある程度はそういうものだとして、対策を考えていくほかありません。

「5年間は売却を考えない」のがひとつの目安

具体的な対策としては、**融資を組めるうちは売却を考えずに購入に専念する**、という手が考えられます。

個人の属性によって違いますが、そうして物件の購入を進めていくと2億円とか3億円などの段階で、融資の〝枠〟を使い切り、それ以上の融資が組めなくなってきます。

そうなったらいったん購入をストップし、以降は「出口戦略モード」に移行する。つまり、タイミングを測りつつ積極的に物件を売却し、それまでの家賃収入と売却益とのダブルで利益を出す（あるいは、利益を確定させる）戦略に切り替えていく、というものです。

この方法のよいところは、不動産投資を新たに始めて順調に投資を拡大した場合に、金融機関から設定されるいわゆる「枠」を使い切る時期と、購入した不動産の〝売りどき〟とが、おおよそ重なってくるケースが多いことでしょう。

まず不動産の保有期間について言えば、背景に税率の問題があります。

個人の場合、不動産の譲渡によって得た所得は分離課税（後述）されるのですが、その際の税率が短期保有と長期保有でかなり異なります。

5年超保有した物件を売る場合には、長期保有とみなされ売却益にかかる税率は20％ですが、**これが5年以内しか保有していない物件を売却した場合になると、短期保有とみなされ売却益に39％もの高税率が課されます**（なお、この場合の5年経過は、暦日での5年間ではなく、売却する年の1月1日時点で丸5年が経過していることが必要です／250ページも参照）。税率がほぼ2倍も違うわけですから、この差は見すごせません。

さらに、あまりに短期間での売却は、金融機関に与える印象も悪くなります。

こうしたことから、**不動産投資で保有した物件の売りどきは、一般的には購入後5年経過すると巡ってくる**、と言えるわけです。

もちろん個人差がありますが、こうした購入不動産の売りどきと、金融機関の枠を使い切るまでのタイミングは、ちょうど5年くらいで近接してくる傾向があります。

そこで、不動産投資を始めたら、しばらくは金融機関の力を利用しつつ物件を増やすことに徹し、枠が狭まってきたら、購入後5年をすぎて売りどきを迎えている物件を少しずつ売却していく。それによって枠が回復したら、その分を再び物件購入に回す、という手法が有効になるわけです。


ちなみに、売りどきの物件を売却するときには、購入と売却の間隔が短くなりすぎないように調整してください。具体的には、**せいぜい半年に1軒とか2軒くらいのペースで、物件を売り出す**ようにしましょう。それ以上頻繁に、急いで売り出すようなことは避けてください（この点については、融資を利用せずに購入した物件も含めて考えます）。

これは、短期間に複数の物件の売買を繰り返すと、行政に「業として不動産の売買をしている」とみなされ、不動産業の登録を迫られる危険があるからです。

そうなると、本業がある人は副業禁止の規定に引っかかりかねませんし、煩雑な手続きや届出を要求される可能性が出てきます（法人化には後述するさまざまなメリットもあるため、一概にデメリットばかりではありませんが、意図しない法人化を迫られるのは避けたいものです）。

固定金利のペナルティにはご用心

不動産を売却する際には、その物件に付いている抵当権を外す必要があります。ローンが残っているなら、抵当権を外すためにその残債を一括返済することが必要になるのですが、このときに気を付けたいのが**ペナルティ（違約金）**の有無です。

たとえばあなたがある物件を投資目的で購入する際、そのための資金を金融機関から金利10年固定の約束で借りていたと仮定しましょう。

このとき、あなたがその物件を購入してから5年が経過した時点で売却すると、残債の元本は当然のこと、あと5年間支払う予定になっていた金利についても、同額を「ペナルティ（あるいは違約金）」として金融機関に支払う必要があります。

これは、**「固定金利」でのローンというのが、実はその固定期間のすべてにわたって定められた金利を支払う約束（契約）をすること**であり、その約束を破って途中で物件を売却した場合には、たとえ元金を全額返済していても、合わせて、当初約束した10年分の金利も支払う義務が発生するためです。

金融機関の側からすれば、10年分の金利収入を当てにしてローンの金利を提示したのだから、途中で貸した金を返されても困る、といったところでしょう。

固定金利ではなく**「変動金利」のローンだった場合は、このようなペナルティは通常発生しません**。繰り上げ返済の手数料や、事務手数料だけを負担することになります。

この各種手数料については、金融機関によって金額がかなり異なりますが、目安としては繰り上げ返済1000万円当たり5万〜10万円程度を見込んでおけば十分でしょう（住宅ローンの場合は、繰り上げ返済の手数料を無料にしている銀行が多いのですが、投資用ローンの場合には原則手数料がかかるものと考えておいたほうが無難です）。

こうしたペナルティの存在がありますので、**購入後5年経過したら適宜売却するという出口戦略を最初から考えている場合は、固定金利で資金を融資してもらうのは5年までにしておきます**。そうすると、出口で余計な出費をしなくても済みます。

その後については、金利の5年固定期間が終わった段階で、物件を売るか、再び5年固定金利で資金を借り直すか、変動金利で様子を見るのか、といった選択をすべきでしょう。

なお例外として、政府からの税金によって運営されている日本政策金融公庫などで資金を借りていた場合、融資が全期間固定金利であるにもかかわらず、一括返済に伴うこのようなペナルティや事務手数料が発生しません。

その意味では、出口戦略を非常に描きやすい金融機関のひとつと言えます。

ローン残高をどのように考えるか？

ローンを組む際に投資家が悩むのが、「頭金にどのくらい現金を入れ、何割をローンにするのか」という資金配分の問題です。

購入する時点のラクさから言えば、フルローンに近いほど初期費用が安く済んで助かりますが、代わりに売却の時点でも多くのローンが残ってしまう可能性が高まります。こういう状況では、投資家は途中で何か問題が起きたときに首尾よく物件を売却できるかが非常に気になるものです。

前述したように、通常は不動産を売却するとき、その物件から金融機関の抵当権を外す必要があります。そのための資金としては、売却によって得られた現金をそのまま充当するのが一般的ですが、仮にローン残高よりも低い金額でしか物件が売れなければ、ローンを返し切れずに手元の現金を使って充当する必要が出てくるわけです。

逆に頭金を多く入れれば金利は節約でき、売却もラクですが、その分現金が減って別の物件に投資するチャンスを逃すことになります。

こうした資金配分は、不動産から得られる利益額には大きな影響を与えません。ですから、一概にどちらがよいということは言えません。

ただ現実問題としては、ローン残高がたくさん残っていると、その残債より少ない売値では投資家が新たな出資を迫られるため、売却価格の値引きがなかなかできなくなります。**売却時に相場の現状に合わせて価格を調整する余地が狭まってしまう**ため、売りたいのに売れずに保有し続けなければならない、という状況に陥りやすい側面はあるでしょう。

高利回りで購入できた物件などは、いつでも購入価格以上の売値で売却できるという予測が立つため、ローン残債が残る心配はまずありませんが、利回りの低い物件に関しては、値段を下げないと売れ残る可能性が高く、出口を迎えることができない状態に陥りやすいのです。

この問題への解決策としては、主に次のふたつがあるでしょう。

- **利回りが低い物件を買う場合は、頭金を多めに入れておく**
- **（マネログを使って）残債利回りが12％を超えるのは何年目かをあらかじめ計算しておく**

ふたつ目に挙げた「残債利回り」というのは、不動産を売るときに、もしローン残高と同じ価格で売り出したら、利回り何％の売り物件として表示できるか、という数字です。

通常、利回りが12％もある物件はなかなかありませんから、すぐに売れるはずです。つまり、抵当権を外すのに問題がないということを意味する数字です。

ですから、出口戦略として5年目の売却を視野に入れているのであれば、残債利回りがそのタイミングで12％を超えているかをあらかじめ計算しておくこと。

超えていれば問題なく売却できるでしょうが、超えていない場合には出口戦略が甘いということです。そのため、頭金の増額を検討したり、もう少し長く保有してから売却するなどの戦略の練り直しを迫られます。

ちなみに、この残債利回りは当然自分でも計算できますが、前述した「マネログ」を使うと、非常に簡単に計算することができます。

ひと言コラム 16

残債利回りが高ければ、ローンについての心配は無用

ローンを組んで物件を購入したとき、一番不安なことは何でしょうか?

私が講師を務める「不動産投資の学校」で、初心者の受講生の方がよく口にしているのは、「金利が上昇してしまったらどうしよう」とか、「毎月の返済に行き詰まってしまったらどうしよう」といった不安です。

ローンに関する不安というのは、こういう〝借金をすること〟に対して自然に起こる、

ほとんど本能的とも言える不安が多いのです。私自身も、初心者のころには同じ不安を抱えていたものですが、ここでよく考えてほしいのです。

もし金利が上昇したら、物件を売却して手放せばよいだけではないですか？
もし返済に行き詰まったら、物件を売却して手放せばよいだけではないですか？

こと不動産投資で必要になるローン＝借金について言えば、結局のところ問題となるのは、**「物件を売却することでその借金と縁を切れるか」**、**「物件の売却でローンをすべて返せるか」**の2点に尽きます。ほかの不安や心配は、雑念にすぎません。

こういう考え方ができるようになると、物件が「いつでも、ローンの残額よりも1円でも高く売れる状態」にさえなってしまえば、あとはローンの具体的な金額がいくらであろうが、ほぼ心配はいらなくなります。総額で1億であろうが10億であろうが、物件の状態によって返済や縁切りが担保できているので、ローンを抱えることがほとんど怖くなくなります。逆に、わずか100万円のローンであっても、物件の状態がよくなければ非常に心配になります。

ローンに対してこうした考え方ができるようになれば、その人はもう、借金による恐怖から開放されるのではないでしょうか?

そして、物件がそうした状態になっているかどうかを、数字で教えてくれるのが前述した「残債利回り」なのです。

仮に、あなたが5000万円の物件を同額のフルローンで購入したと仮定しましょう。その物件は利回り10%で、家賃収入が年間500万円あるとします（計算を単純にするため、各種の経費などはここでは無視します）。

この5000万円の物件が、将来いくらで売却できるのかを現時点で予測することは困難ですが、比較的簡単に予想できることもあります。それは、**5000万円の借金は毎年返済が進み、やがては（返済期間が30年なら30年後に）すべての支払いが終わってローンがゼロになる**ということです。

また、家賃収入についても予測は比較的容易です。

現在の家賃収入が年間500万円であれば、この家賃収入が30年後に0円になるとはさすがに考えられません。いくらか家賃は下がるとしても、タダで住める家というのはないからです。

ある程度の家賃下落は避けられないとしても、現状の6割程度の金額である年間家賃収入300万円辺りで下げ止まると仮定することは、それほど無理のある予測ではないでしょう。

この前提で考えれば、**「ローンの残額よりも1円でも高く売れるかどうか」は、その年ごとのローン残高と同額で物件を売り出した際に、「利回り何%の物件として売り出すことができるか」である程度の判断が可能になる**ことがわかります。

たとえば、同じ物件について購入後15年が経ったとしましょう。

5000万円の借金は、15年で3000万円まで減ったとします。一方で、家賃収入は年間500万円から、400万円にまで減ったとしましょう。

このとき、ローン残高と同額の3000万円で物件を売り出したとすれば、年間家賃収入400万円ですから、買い手からは物件の利回りは次のように見えます。

400万円÷3000万円×100＝13・33%

つまり、「表面利回り13％超の物件」として売り出せるわけです。

仮に、購入したときの周辺地域のキャップレートが10％だとすれば、利回り13％の物件は十分に高利回りな物件に見えます。すぐに買い手が見つかるでしょう。

となれば、ローンの残債3000万円もすべて消えますから、問題なく物件を手放せますし、追加負担なく該当ローンとも手を切れる、ということです。

このときの13・33％という数字こそが、「残債利回り」なのです。

この残債利回りが十分に高水準になれば、すぐに買い手が見つかります。残債利回りが何％あれば安心かは地域や地方によって異なりますが、**該当地域のキャップレート＋2％くらいあれば、十分に安心できる水準**でしょう。

絶対値で言うなら、すでに前述したように12％以上がひとつの目安となります。

この残債利回りは、年数が経てば経つほど返済が進んでローン残高が減少していくため、目標の水準に到達しやすくなります。また、購入する前にしっかり価格交渉をして値切って購入し、リフォームもしてキャップレートよりも高利回りの物件として完成させておけば、購入直後の時点ですでにキャップレート＋2％の状態にすることも不可能ではありません。こうした物件であれば、たとえローン残額の見た目の金額が大きくても、投資家としてはほとんど心配がいらない、ということになるわけです。

「購入後何年経てばキャップレート＋2％の残債利回りに到達するか」を把握し、できることならそれまでの年数がなるべく短い物件を買うようにするのも、ローンを組んで物件を購入する際には重要な出口戦略のひとつ、と言えるでしょう。

金融機関はどこがいいのか？

前述したように、どの金融機関であっても不動産の売却は基本的に嫌がります。ですから出口戦略を重視した不動産投資では、これと言ってお勧めの金融機関を挙げることができないのですが、どうしてもローンを利用したい、そしてまた数年後には売却しなければならないという事情があるときに、いくらかマシであろうと思われる金融機関の選び方はあります。ここでは、それを紹介しておきます。

◆自分の属性が低いうちは、「金利の高い金融機関」を使うのも手

具体的な金融機関の名称は挙げられませんが、一般的な相場から考えると金利が少し高い金融機関というものがあります。

たとえば本書の執筆時点（2014年3月1日現在）では、投資用資金での借り入れ金利は2・0％～2・5％が平均的な数字ですが、それが3・0％を超えたり4・5％になっていたりする一部の金融機関があります。これらは、「金利の高い金融機関」と言えるでしょう。

このような金利の高い金融機関では、他の金融機関なら融資をしてくれないような物件にも融資を実行してくれたり、借り入れが難しい個人属性の人にも融資をしてくれたりするメリットがあります。

その意味では大変にありがたい存在なのですが、反面、**金利が高すぎるせいで、不動産投資においては保有期間中の家賃収入を圧迫しがち**です。

累計の家賃収入による利益が薄くなるため、投資家としては売却による売却益確保を優先的に考えざるをえません。結果、金融機関の側でも自然にそうした事例が多くなって、物件売却に対する拒否反応が薄くなることは期待できるでしょう。

また、金利の高い金融機関で融資を組んでいると、その事実自体が投資家の個人属性を下げる要因になることがありますが、物件を売却することができれば融資を一括返済できるため、そうした属性もいったんリセットできます。出口戦略を重視している場合は、こうしたデメリットはそれほど気にしなくてもいい、というわけです。

したがって、なかなか融資を組みづらい**未経験者や初心者の段階では、我慢して金利の高い金融機関を利用し、ある程度投資が軌道に乗ってきたらその物件を売却、利益を確定して高金利の融資を一括返済**しましょう。

次の段階では、その売却で得られた現金と、それまでの投資実績でもって低利の金融機関の融資を利用していく、という2段階に分けてステップアップしていく手法が考えられます。

決して手放しでお勧めするわけではないのですが、**金利が高い金融機関は出口重視の不動産投資と初歩段階では相性がよい**ということが言えるわけです。

✦日本政策金融公庫（公庫）

日本政策金融公庫、いわゆる「公庫」は、低金利かつ全期間固定で、500万円以下での少額でも比較的簡単に貸してくれるという素晴らしい金融機関です。

ただ、いかんせん**返済期間が短い**（通常は10年未満。女性の方、20代の方、55歳以上の方は、例外的に20年まで借りられる可能性あり）という使いづらさがあります。

10年未満の返済期間での融資を受けると、返済を短期間で行う必要があるため、家賃収入ではまかない切れず、給与収入から補填《ほてん》する必要が出てきます。いわば毎月毎月、ローンの繰り上げ返済をしている状態になりがちです。

早く借金が減るということは、金利も早く減るわけですから嬉しいことのように思えますが、純粋な現金収支（キャッシュフロー）を考えるとマイナスの状態。不動産に現金を吸い取られている状態になりますので、資金繰りが苦しくなります。

その結果、10年の完済を待たずに、購入から5年程度で売却するという選択肢が出てくるのです。

前述のようにローンの元本返済分は、物件を売却すれば〝豚の貯金箱〟を割るかのごとく資金回収できます。それによって、再び新たな投資先を検討する余裕も出てきます。

さらに、**公庫は全期間固定金利にも関わらず、途中解約の違約金が存在しないため、なおさら売却しやすい**というわけです。

✦メインバンクにしたい銀行との取引では、物件売却は慎重に

以上の2点から考えると、売却を重視して不動産投資を考える際には、ローンには第一に金利の高い金融機関を検討し、第二に日本政策金融公庫となるでしょう。

一方で、金利もそれほど高くなく、今後も良好な関係を続けたい銀行、つまり自分にとってのメインバンクにしたい銀行から借り入れをして買った物件については、売却の際に注意が必要です。

まず、何の前触れもなくいきなり物件を売却して融資を全額返済すると、融資担当者の面目をつぶす可能性があります。

そのため、**最低限、融資実行時の担当者が人事異動するまでは売却を待ったほうがよい**でしょう（通常、金融機関では2年～3年ごとに人事異動が行われます）。

次に、売却を検討し、実際に売り出しを始める前には、金融機関の現在の担当者にそれと

なく、「実はこういう事情があって、物件を売り出すかもしれません。まだ正式に決まったことではないのですが、一応○○さん（担当者名）には伝えておきます」と、物件売却の方針をほのめかしておくべきです。

こうしておくと、何も伝えずにいきなり売ってしまうよりは、関係を続けやすくなるからです。

利益が出る場合は保有期間に注意

引き続き、不動産の売却に関する税務上の注意点について解説していきます。

物件の売却に伴う税金を考える際には、まず**利益が出た場合**と、**損失が出た場合**とに分けて考えます。

利益が出た場合には、**原則としてその売却益に対する課税があります。**

すでに述べたように、不動産を売却したのが取得から5年以内であれば、短期保有の場合に適用される「**短期譲渡税率**」が適用され、利益に対して39％もの課税があります。

これは、かつての不動産バブルの際、投機的な短期売買が繰り返されたことが不動産価格高騰の一因となったことから、そのような売買を控えさせるために高率の税金が課されているものと考えられます。

一方で、取得から5年超の物件であれば、長期保有とみなされて「**長期譲渡税率**」である20％が売却益に課税されます。

こちらの税率であれば、たとえば株式投資での売却益にかかる税率とほぼ同じですから、これ以上低い税率になることはしばらく考えられません。実務上も、それほど気にならない程度の税率と言えるでしょう。

売却益にかかるこの税率の違いを考えると、**不動産は購入から5年間が経過するまで待ってから売却するというのが、個人投資家にとっての出口戦略の基本になる**はずです。

ただし、このとき気を付けなければならないのが、「何をもって5年経過と判断するか」です。私たちの日常感覚では、暦日で5年経過が判断されると思いがちです。たとえば、２０１４年4月1日に物件を購入したのであれば、２０１９年4月1日でもって5年が経過した、と思いがちです。

しかし、税法上はそうなっていません。**不動産の長期譲渡税率を判断する場合には、「5年を経過してから、最初の1月1日まで待つ」必要がある**ので要注意です。

2014年4月1日に購入した物件であれば、2019年4月1日の次の1月1日、2020年1月1日まで待たなければ、税率を計算する際に「5年経過」とみなされないのです。実際には5年＋αとなり、たとえば1月2日に購入した物件などでは、ほとんど6年間は待たなければならないことになります。この点については十分に気を付けてください。

なお、ここで述べている税率は物件を個人名義で所有する場合のものであり、法人名義の場合は税率が異なります（法人名義の場合の税率等については後述します）。

何をもって利益とみなすか？

さて、先ほどの税率は「利益」に対して課税されますから、**利益が出なければ税金はかか**

◆課税の有無は？

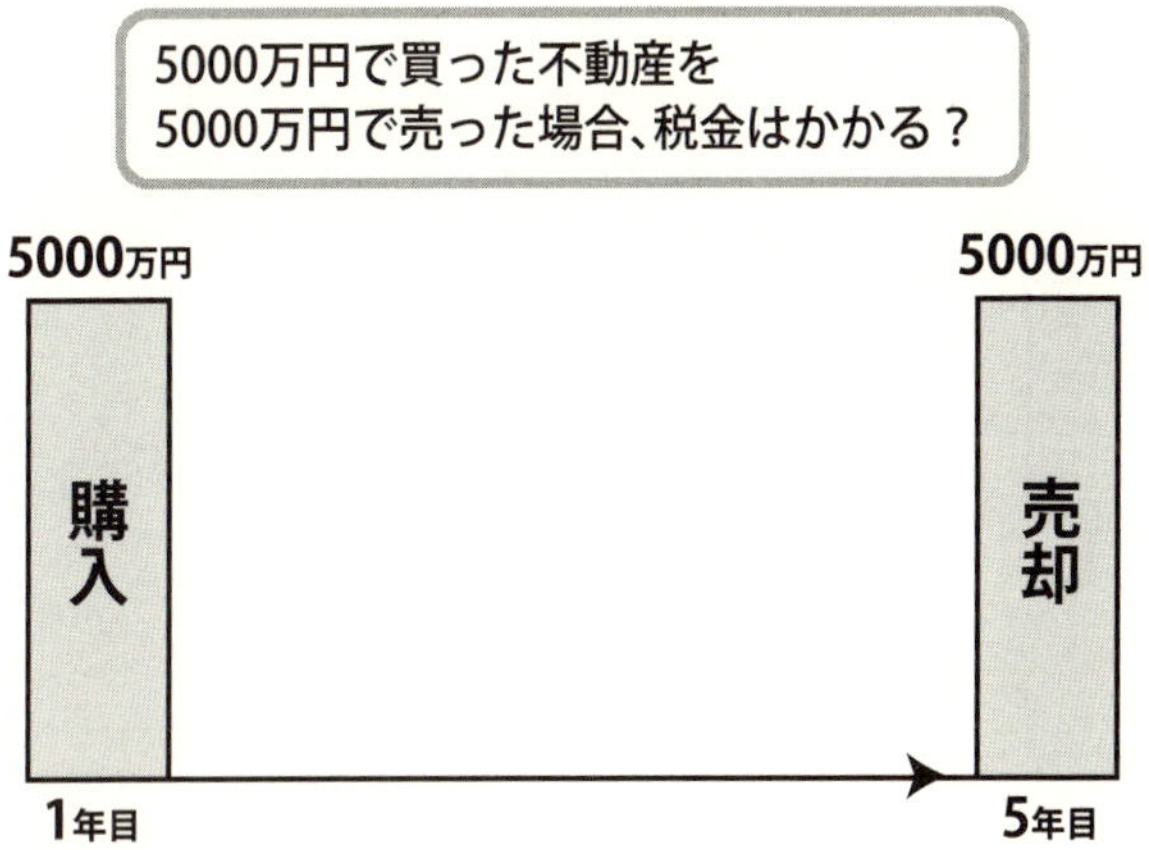

普通に考えると、同額での売買なので儲かっていないように感じる。
なので当然、税金（譲渡益課税）もかからないと思いがち。

りません。

ただし、ここでも「一体、何をもって利益と考えるのか」に注意が必要です。

たとえば、あなたがある物件を、5000万円で購入したと仮定します。

それから5年間（税法上の5年間）が経過したところで、購入価格と同額の5000万円でその物件を売却したとしましょう。この場合、利益が出たと考えられますか？（上図参照）

もしもこれが株式投資であれば、同価格での売買ですから、利益は出ていないことになります（ここでは売買手数料は考

◆不動産には減価償却がある！

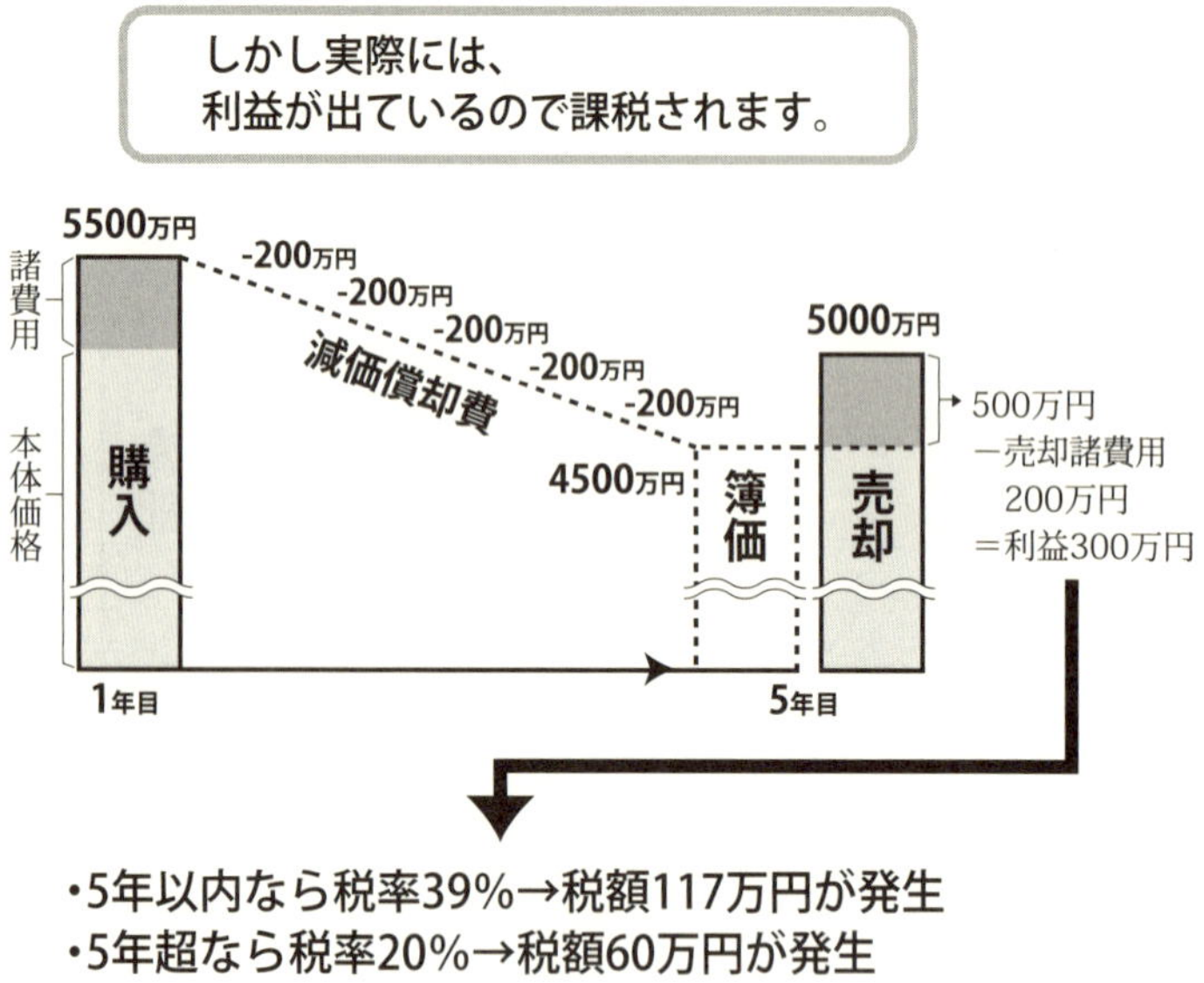

注：この図で示している税金は、あくまで譲渡益課税のことです。印紙税や不動産取得税、登録免許税といった税金は「購入時諸費用」に含まれているものとして計算しています。

えていません）。したがって、税金もかかりません。

ところがこれが不動産の場合、利益が出ているとみなされ、税金がかかる可能性があるのです。

そうなる理由は、すでに少し説明した「**減価償却費**」にあります（151ページも参照）。

不動産では通常、物件の購入後、毎年、減価償却費という費用を計上します。

これは、建物が毎年、少しずつ老朽化していく分を経費として計上するもので、物件を所有しているあいだは節税効果を発揮してくれるありがたい費用です。

一方で、減価償却をした分、不動産の建物部分の価値は減少していきます。

結果として、**不動産の帳簿上の価値（簿価）が次第に小さくなっていくため、見かけ上は同じ価格で売却したとしても、利益が出るケースがある**のです（右図参照）。

具体的な数字で計算してみましょう。

先ほどの5000万円の物件で、購入時の諸費用として500万円がかかり、合計5500万円で購入したとします。

この不動産の減価償却費が年間200万円だと仮定すると、所有期間中は毎年200万円ずつ減価償却費として経費にできるということです。

そしてその一方で、建物部分の簿価は年200万円ずつ減少していきます。

減価償却費200万円×5年＝減価償却累計額1000万円

こういう計算になりますから、5年間で建物の価値は1000万円減少し、購入時に5500万円だったものが4500万円になっているわけです（この計算では、取得時の諸費用500万円を一括経費にせず取得原価に上乗せする方法で計算していますが、購入時に一括経費として計算する場合もあります）。

簿価4500万円となった5年後に5000万円で売却する仮定ですから、この場合、単純計算で500万円の利益が発生したことになります。

ただ実際には、ここから売却の際の諸費用を差し引くことができます。売却諸費用が200万円かかったとすると、500万円－200万円＝300万円が査収利益となります。

この利益額に対して、保有期間が5年以上ですから長期譲渡税率の20％が課税されることになる、というわけです。

つまり、こうした減価償却費まで含めて考えると、不動産の取引では投資家としては損が出た、あるいは同額での売買として認識している場合でも、帳簿上では利益が出て課税される可能性があることがわかります。

もちろんその分、帳簿上では利益が出ているわけですから損をしているわけではないのですが、心情的には「損をしたのに（あるいは、同じ価格で売ったのに）課税されて悔しい」という気持ちになるかもしれません。

不動産投資を長く続けるのであれば、こうした最低限の会計知識も、ある程度は理解しておく必要があるでしょう（本書の計算では、復興特別所得税については説明を省略しています）。

ひと言コラム 17

マイホームの場合、売却益への優遇幅が非常に大きい

投資用の賃貸物件ではなく、マイホームを売却して利益が出た場合にはまた事情が変わってきます。

マイホームに関しては通常は投資目的で売却するケースが少ないことから、売却によって「たまたま」利益が出てしまったとしても、大幅な免税（税額控除）措置が用意されているのです。具体的には**3000万円の特別控除が適用されます**。したがって、たとえ利益が出たとしても3000万円の利益までは課税されません。

2000万円で取得したマイホームが数年後に5000万円で売れたとしても、課税はされないということです（売却の際にかかる諸費用についても、利益から差し引くことが可能です）。

さらに言うと、たとえ3000万円を超える利益が出た場合にも、マイホームの所有期間が売却した年の1月1日の時点で10年を超えていた場合には、14%という非常に低い税率が課されることになっています（利益6000万円までの場合。6000万円を超えた場合は税率20%）。

このように、マイホームの売却に際しては多くの優遇が用意されているため、たとえば前述した「ヤドカリ投資」のように物件を自宅として利用するケースでは、場合によっては大きな優遇措置を得られる可能性があります。

細かい規定を確認しなければならないため、決してひと筋縄ではいきませんが、興味のある方は有利な手法を研究してみることをお勧めします。

損失が出る場合は……

それでは、物件を売却して損失が出た場合はどうなるでしょうか？

この場合、ポイントはいわゆる「**損益通算**」になりますが、これも投資用物件とマイホームで税法上の扱いが異なります。

◆投資用物件の売却損は、同じ不動産売買での利益と通算可能

まず、投資用物件の場合は「分離課税」が適用されます。これは、**原則として不動産の売買による利益・損失が他の所得と通算できない**ことを意味しています。

したがって不動産の売買で損失が出たとしても、その損失を給与所得と通算して、給与所得で払った税金を取り戻すなどといったことはできないわけです。

ただし、**不動産の売買そのものに限って通算をすることは可能**で、たとえばAという物件を売却して1000万円の損失が出た場合、同時にBという物件を売却して1000万円の利益を出し、このふたつを通算してプラスマイナスゼロとすることは可能なのです。

✦マイホームの場合は、一定の条件があれば給与所得などとも通算可能

一方で、マイホームとして住んでいた物件の売却損に関しては、一定の条件を満たす場合に限って、給与所得等の他の所得と損益通算をすることが可能です。

まず、**売却したあとに新たにマイホームを買い換える場合**です。この場合は、買い換えをした新しいマイホームで住宅ローンを利用していることが条件になります。

売却したあとに新たにマイホームを買い換えない場合には、売却した物件で住宅ローンを利用していたことが条件になります。ただし、住宅ローン残高からマイホームの売却価格を控除した残額が、損益通算をできる金額の限度となります。

たとえば、マイホームの住宅ローンがまだ2000万円残っていたとして、その物件が1500万円でしか売れなかったとします。この場合は、2000万円のローン残高から1500万円の売却価格をマイナスすると、差し引きが500万円ですから、500万円を限度として本業の給与所得などと損益通算できることになります。

右に挙げたふたつのパターンであれば損失を他の所得と通算することが可能で、**1年で通**

算し切れなかった場合には、3年間まで繰り越すこともできます。

ただし、1年の所得が3000万円を超えている年度は、この損益通算は利用できません。それだけ所得がある、つまり稼ぎがよい人には、損益通算は不要であるという考え方なのでしょう。

法人と個人ではどちらが得か

最後に、法人化をして不動産投資をしているケースの税率等についても簡単に述べておきます。

法人名義で購入した物件の売却に関しては「総合課税」、つまり損益通算が可能です。こうした税法の規定がありますから、個人名義に比べて法人名義で不動産を購入・売却した場合、一般的に以下のようなメリットがあります。

✦法人名義のほうが税率も低いし節税の手段も豊富

すでに何度か前述したように、個人名義の場合の税率は短期譲渡税率39％、長期譲渡税率20％です。これに対して、**法人名義であれば総合課税で法人税率が適用されます**。法人税率は現在、大企業でおよそ38％（利益額800万円超の場合の実効税率）、中小企業で23％～25％程度です（利益額800万円未満の場合の実効税率）。

個人の長期譲渡税率20％よりは高いのですが、法人名義であれば保有期間5年間の縛りはありません。短期間で売買した場合には税率が23％～25％、あるいは38％となり、個人の短期譲渡税率39％よりも低い税率が適用されます。ほとんどのケースでは中小企業レベルの税率でしょうから、税率23％～25％と考えれば、**特に短期での売買では法人名義のほうが有利**であることがわかります。

さらに言うと、**法人の場合には総合課税となりますので、売却によって大きな利益が出たとしても、その利益を他の経費と通算することが可能**です。たとえば社有車を購入してその購入代金を損金計上すれば、不動産の売却益を消すことも可能ですし、社長や役員に報酬を出し、その分を経費とすることも可能です。

税率だけを見れば、法人でもそれほど有利ではないような感触を受ける人がいるかもしれません。しかし法人の場合、経費計上の自由度が大きいため、各種の節税策を取ることができます。そのため、売却益を圧縮できる法人のほうが、実際に支払う税額は小さくなることがほとんどでしょう（節税の範囲内で、売却益をゼロにする場合もよくあります）。

◆法人名義のほうが損益通算しやすい

個人名義であれば、不動産の売却損と給与所得等との損益通算はマイホームに限定されます。しかも、住宅ローンの有無などの条件が付きますが、**法人名義の物件で売却損が発生した場合には、特に条件なく損益通算をすることが可能**です。

以上を考えると、法人名義のほうが個人名義よりも、不動産の売却に関して税務上有利な点が多いのは間違いありません。

ただし、不動産投資において法人化することには、設立費用や維持費用もかかりますし、本業を持っている人では副業禁止規定に違反する可能性もあります。条件によっては税務上のメリットもうまく享受できないケースがありますので、安易に判断せず、専門家によく相談したうえで法人化を決断することを強くお勧めします。

おわりに

いかがでしたか？　ここまで読んでいただいた投資家のみなさんには、不動産投資の出口戦略とはどんなものなのか、自分はどのように行動すべきなのか、おおよそわかっていただけたのではないかと思っています。

そしてそれは、次の一文にほぼ凝縮できるのではないかと考えます。

出口戦略の成否は、物件の購入時、つまり「入口」の時点でほとんど決まっている――。

購入時に大幅な価格交渉に成功し、キャップレートを上回る利回りが実現できた瞬間に、高値で売却できることはほぼ決まったようなものです。それに加えて、上手なリフォームでさらなる利回りの向上を実現できれば、もはや失敗の可能性はほとんどありません。

もちろん景気が大幅に悪化したり、リーマンショックや東日本大震災のような突発的な出来事が起こったりして、一時的に価格が暴落することはあるかもしれません。しかしそんな状況であれば、無理に売却せずに高利回りで運用し続ける（保有を続ける）ことでも十分な利益の確保が狙えます。

となれば、次に考えるのはどのような条件であれば高利回りな物件を買えるのか、ということです。買い手の側でできることとしては、次のようなものがあるでしょう。

・他の人が狙わないエリアや種類の物件を探すこと（人気の立地を避ける、一棟ものよりも区分所有を狙う、など）

・ブームになって相場が過熱しているときは買わない、過熱しているときはさらに人気のない立地を狙う

・買ったあとにリフォームをして、さらに利回りを高める

逆に売り手側に求めることとしては、**自分よりも知識が少なく弱気な相手を狙う**（バカ・アービトラージ方式）ことがポイントとなるでしょう。

これに加えて、出口戦略を連続して成功させ、かつ資金繰りをスムーズに進めるためには、**金融機関と良好な関係を築き、税金を安く抑えること**（個人と法人をうまく使い分けること）

も重要になります。

本書では、こうした知識や必要となる具体的なノウハウをかなり詳しく紹介しました。これらの内容を総合的に組み合わせていけば、きっとあなたにも、家賃収入と売却益を両取りする形での「おいしい不動産投資」が実現できるはずです。

本書はあくまでも投資のヒント、きっかけにすぎません。本書をきっかけに読者のみなさんが自分に適したベストな方法を模索・開発していっていただければ、著者としては非常に嬉しく思います。

＊　＊　＊　＊　＊　＊　＊

最後になりましたが、12年前、右も左もわからなかった私に不動産投資のノウハウを伝授してくれた、ファイナンシャルアカデミー代表の泉正人氏に感謝を申し上げたいと思います。氏の指導がなければ、私は不動産を購入することができず、こうして書籍を出版することもありえなかったでしょう。

次に、10年間にわたって私に多くのインスピレーションを与えてくれた、ファイナンシャルアカデミー「不動産投資の学校」の受講生・卒業生３０００名のみなさんにも感謝いたします。みなさんとともに考え、悩み、ときには笑い、物件購入の喜びを分かち合ってきたからこそ、飽きっぽく何事も長続きしない性格の私が、10年間も不動産投資を続けてこられたのだと思います。

また、この10年間、「縁の下の力持ち」として私を支え続けてくれた妻にも感謝したいと思います。私が弱気になったときには励まし、強気になったときには諫めてくれる彼女がいなければ、きっと、何をやってもうまくいかなかったことでしょう。

そして、この本を最後まで読んでくださった読者のみなさんにも、最大限の感謝をしたいと思います。

ファイナンシャルアカデミー「不動産投資の学校」講師
束田 光陽

読者限定特典

著者が講師を務める「不動産投資の学校」体験学習会への無料参加をプレゼント！

本書の著者である東田光陽氏が講師を務めるファイナンシャルアカデミー「不動産投資の学校」の体験学習会（通常価格：2,000円）に、読者の方１人あたり１回まで、無料で参加いただける読者限定特典をご用意しました。

http://www.f-academy.jp/deguchi

参加をご希望の方は、上記URLのウェブページ最下段にある、体験学習会の「参加お申込み」より日程を選択のうえお申込みください（東京・大阪・名古屋をはじめ全国主要都市で毎月開催しています）。
「不動産投資の仕組みとは？」、「不動産投資で失敗しないための注意点」、「購入してよい物件、ダメな物件の見分け方」、「自宅の家賃の節約方法」、「マイホームの上手な購入方法」、「安定的に家賃収入を得る方法」、「お買い得な物件の探し方・購入方法」、「本当に必要な知識を効率的に学ぶ方法」などを楽しく学んでいただけます！

【ご注意】
・上記の「読者限定特典」で無料となるのは参加費（2,000 円）のみです。会場までの往復交通費等はご自身でご負担ください。1 回当たりの参加人数は 20 名～ 30 名、所要時間はおよそ 2 時間です。
・上記の「読者限定特典」は事前の予告なく終了する可能性があります。株式会社すばる舎は、上記特典サイトのアドレス変更、公開中止、無料参加特典の終了等の場合でも、それを理由とした書籍の返品には応じられません。あらかじめご了承ください。
・上記「読者限定特典」として無料参加できる学習会の内容については、株式会社すばる舎は承知しておりません。出版社に内容についてのお問い合わせをいただいても、お答えすることはできませんのでご了解ください。

〈著者略歴〉 **東田 光陽**（つかだ・こうよう）

ファイナンシャルアカデミー「不動産投資の学校」講師

1976年生まれ、東京都出身。

1999年、慶応大学法学部卒、大手化学メーカー入社。

2002年、不動産投資を学ぶためにファイナンシャルアカデミーに転職。

2003年、26歳で不動産投資を始め、わずか2年間で総資産5000万円を達成。34歳で総資産2億円となる。

現在の保有物件は12世帯マンション×一棟、6世帯アパート×一棟、区分所有×6室ほかで、**2013年は家賃収入1700万円＋不動産売却益700万円＝2400万円の「両取り」を達成**した。

購入物件中、もっとも高い利回りは表面25％、実質20％超という驚異的な成績を誇る。

個人の投資家としては保有物件を売却した経験も多く(10件)、単純売却益のこれまでの累計額も2500万円以上に上る。

著書に『20代・自己資金300万円　サラリーマン大家さん成功の法則』(あっぷる出版)があるほか、共著書に『不動産投資の学校〔入門編〕』（ダイヤモンド社)、『家賃収入が月収を超える！』（ソフトバンククリエイティブ)がある。

※注：「700万円の売却益」というのは、
売却額2700万円－売却時原価2000万円＝700万円で算出しています。

●著者ブログ
東田(つかだ)光陽の『経済的自由みっつけ隊』
www.jfa.ac/blog/1002/

不動産投資 家賃収入&売却益 両取りのルール

2014年 5月24日　第1刷発行

著　者——東田 光陽
発行者——徳留 慶太郎
発行所——株式会社すばる舎
〒170-0013　東京都豊島区東池袋3-9-7 東池袋織本ビル
TEL　03-3981-8651（代表）　03-3981-0767（営業部）
振替　00140-7-116563
URL　http://www.subarusya.jp/
装　丁——小口 翔平 + 西垂水 敦（tobufune）
印　刷——図書印刷株式会社

落丁・乱丁本はお取り替えいたします

ISBN978-4-7991-0330-2